Vicente Antonio Vásquez Bonilla

Prawda cię uwolni

Vicente Antonio Vásquez Bonilla

Prawda cię uwolni

Wydawnictwo Bezkresy Wiedzy

Imprint

Cover image: www.ingimage.com

This book is a translation from the original published under ISBN 978-620-0-10471-7.

Publisher:
Wydawnictwo Bezkresy Wiedzy
is a trademark of
Dodo Books Indian Ocean Ltd., member of the OmniScriptum S.R.L Publishing group
str. A.Russo 15, of. 61, Chisinau-2068, Republic of Moldova Europe
Printed at: see last page
ISBN: 978-620-2-44849-9

Vincent Antonio
CHENTE
Vasquez Bonilla

Prawda **cię uwolni**

Opowieści

Pisanie jest piękne, ponieważ łączy w sobie dwie radości: rozmowę z jedną osobą i rozmowę z tłumem.

Cesare Pavese

Vicente Antonio Vásquez Bonilla, "***Powszechny Ambasador Kultury***", Tarija, Boliwia 2014; członek Guatemala PEN Center, "***Ambasador Słowa***", Muzeum Słowa, Toledo, Hiszpania; inżynier budownictwa i pisarz, urodzony w La Antigua Guatemala, 5 maja 1939 roku. Laureat nagrody w dziedzinie prozy, w 1994 r. Estorian Floral Games; w dziedzinie opowiadań, w 1998 r. w konkursie literackim General Property Registry of Guatemala; w dziedzinie opowiadań w konkursie National Floral Games: "Fiestas Julias" 2004. Huehuetenango. Gwatemala; w I Konkursie Krótkiej Opowieści, w Gwatemali: "Los mil y un insomnios", kategoria doświadczona. Gwatemala 2006; w XIV Konkursie Literackim, oddział Short Story Instytutu Kultury Latynoskiej Quezalteco, Gwatemala 2007; w Konkursie Literackim na poziomie krajowym Chiquimula 2011 oraz w XXII Igrzyskach Kwiatowych na poziomie krajowym Domu Kultury Villa Nueva, Gwatemala, 2011. Wyróżnienie w konkursie literackim Institute of Peruvian Culture Inc. w Miami. Floryda. 2009.

Słowo pisane zrodziło się po to, by być dzielonym i hojnie rozprzestrzeniać się na całym świecie, dla nich nie ma granic ani barier językowych. Listy tworzone przez autora mają dar przekształcania się poprzez tłumaczenie i docierania do wszystkich kultur; jest to tylko kwestia możliwości i czasu. W ten sposób, słońce nigdy nie przestanie na nich świecić. Vicente Antonio Vásquez Bonilla. "***Ambasador Słowa***".

PROLOG

PODBÓJ WOLNOŚCI

Literaturę i sztukę cechuje między innymi zdolność do wzbudzania zdziwienia poprzez odnowiony zapis wysadzania starych tematów, podejść i wariacji, które zaskakują pomysłowością, głębią lub nietypowym traktowaniem.

La *verdá* te hará libres, narracyjne dzieło Vicente ("Chente") Vásqueza, jest jedną z tych książek. Dlatego możesz czytać z prawdziwą przyjemnością. Experienciagrata, która nadal potwierdza witalność gwatemalskiej opowieści.

W pierwszej części - o charakterze metalurgicznym - rafa, do której autor udaje się w celu wydobycia metalu, z którym będzie opracowywał swoje konstrukcje, to milenijny, ale zawsze owocny tekst biblijny. Ale nie po to, aby to powtórzyć, ale aby odtworzyć znane odcinki, do których stosuje siatkę sanohumoryzmu, który subtelnie je desakralizuje.

Jedna z jej metod: odpowiednie wstawienie zwrotów i wyrażeń zaczerpniętych z bogatego rezerwuaru języka potocznego i popularnego, jak to już insynuowano z samego tytułu: apokryfu rzeczownika kluczowego, który nawiasem mówiąc, zapowiada również obecność w tej książce innego podstawowego czynnika: stałego poczucia humoru, którym autor dekoruje swoje historie.

Chente włącza się w bogatą tradycję gwatemalskiej mikrohistorii i dostarcza te konceptualne kapsułki, które w kilku linijkach rysują obraz życia lub w ramach ogólnej formuły. Podstawowym składnikiem jest dobra dawka legendarnej już "chapiny", zdolnej wydobyć pyszny żart, zwykle o delikatnych seksualnych krawędziach, z najbardziej niespodziewanych sytuacji.
I jako tło, wnikliwa wiedza o ludzkiej duszy, warunek, którego w ten czy inny sposób czytelnik zawsze wymaga od pracownika
.

W części drugiej i trzeciej, w większości tekstów, przedstawiają one pewien aspekt zawsze niepokojącej ludzkiej natury.

"*Prawda* cię wyzwoli", mówi Vicente Vasquez, parodiując znany tekst święty. Potwierdzamy dokładność tego oświadczenia. Prawda" laliteratury (i nie jest daremne przywoływać Mario Vargasa Llosę, kiedy mówi o domniemanej prawdziwości fikcyjnych kłamstw) czyni nas wolnymi, ponieważ czyni nas bardziej ludzkimi, bardziej świadomymi naszego otoczenia.

Dzieje się tak dlatego, że literatura - i sztuka w ogóle - opowiadając o otaczającym nas świecie, pozwala nam ważyć jego granice: uchwycić jego piękno, dostrzec jego braki. Inaczej mówiąc, zwiększając nasz stopień świadomości, siłą rzeczy odbiera nam to, co tylko zoologiczne, które oczywiście zawsze pozostaje przykucnięte, gotowe do skakania w górę i w dół.
Dokładnie, jedna z broni przeciwdziałających ich walce o wyłonienie się leży w wielopostaciowym terenie sztuki. Z tego powodu należy sparafrazować mistrza Luísa Cardoza y Aragón i pamiętać, że przesłanie estetyczne jest najwyższym dowodem istnienia człowieka.

Helen Umaña*
San Pedro Sula, Honduras, 9 listopada 2006 r.

***Pisarz i krytyk literacki Narodowa Nagroda Literatury Hondurasu "Ramón Rosa" (1989); Nagroda im. José Trinidada Reyesa (1998) przyznana przez Narodowy Uniwersytet Autonomiczny w Hondurasie. Jest członkiem Akademii Języka Hondurskiego.**

CZĘŚĆ JEDNA

SERIA RACHUNKÓW

PRAWDA CIĘ UWOLNI

INNE

Wielu mężczyzn zazdrości naszemu ojcu Adamowi i wierzy, że był najszczęśliwszym ze śmiertelników, ponieważ miał radość, że nie miał teściowej, która przyćmiłaby jego świetlistą egzystencję i dlatego żył cicho i bez kłopotów. W tym względzie, może masz rację. To było jedno z mniejszego zła, przed którym został uratowany. Przeciwnie, inni zakładają, że jego ostateczne szczęście wynikało z tego, że nie miał konfliktów małżeńskich i w tym się mylą. Nie miał ich z Ewą, ale miał je, miał je i grube. Czas, by *prawda wyszła na jaw*.

Kiedy Bóg stworzył faunę raju, zrobił to w parach, samica i samiec, jak powinno być, dla ich wzajemnej satysfakcji i dla rozmnażania się gatunku. Ludzkość nie miała być wyjątkiem od reguły. Tak więc, jako wykwalifikowany garncarz, użył gliny z Edenu i modelował mężczyznę, wysokiego i krępego, i kobietę o wykwintnej figurze i bujnych włosach. Dwie wyjątkowe, piękne, gładko oskórowane istoty z niezbędnymi do prokreacji atrybutami. To był historyczny początek, geneza, alfa chwalebnej ludzkości.

I Bóg był zadowolony z ich pracy, i powiedział do nich: Będziesz miał na imię Adam, i będziesz miał na imię Lilith; bądź owocny, i rozmnażaj się. Oboje uśmiechnęli się szczęśliwie, zbadali się samozadowoleni, a następnie, trzymając się za ręce, spojrzeli na piękny ogród, który otrzymali jako swój dom, i jakby to było nic innego, jak darmowe jedzenie. Wypełniliby go swoimi potomkami. A ponieważ nie mieli nic innego do roboty, jak tylko brać... cokolwiek potrzebowali, zaczęli ćwiczyć w rytuale zapłodnienia. Adam, tak podekscytowany, zrobił to z takim wybuchem, że skończyło się zanim Lilith się rozgrzała i to ją zdenerwowało do tego stopnia, że była sfrustrowana.

Łatwo jest zrozumieć i usprawiedliwić niezdarność pierwszego człowieka w takich sprawach, ponieważ nie miał niezbędnego treningu przedmałżeńskiego, aby osiągnąć mistrzostwo, ani nikogo, kto doradzałby mu w udanym wykonaniu gimnastyki seksualnej. Brak podręczników wydajności przyczynił się do ich niekompetencji.

Lilith była zazdrosna o niektóre samice w królestwie zwierząt, wierząc, że lepiej służą im ich partnerzy, ale w żywej nadziei, że może nauczyć ją niektórych technik, które by ją zadowoliły. Ale ten Adam nie wykazywał żadnych oznak poprawy w swoim zadaniu, a charakter nędznej kobiety został uduszony.

Gdy para oddawała się przyjemnościom hymnu, Adam zawsze szukał pozycji misjonarza. Nazwał ją tak, ponieważ wierzył, że to jest jej życiowa misja, a pierwsza dama wszechświata miała pretensje do tego uporu, ponieważ chciała być na szczycie, nadawać tempo i pokazywać pierwszemu cudzołożnikowi, jak się to robi. Ale nie, on zawsze był uparty, macho, powiedzielibyśmy dzisiaj, niezmiennie chciał iść na górę i nie przyjmował sugestii.

Pewnego dnia tak wielu Lilith rozzłościło się i jeśli nie wspomniała o swojej matce swojemu partnerowi, to dlatego, że jej nie było, ale wyzywająco i być może myśląc o przyszłych pokoleniach, krzyczała na nią:

-Głupcze, kobiety do góry! -A on odmówił kontynuowania pracy.

Z powodu tego wyrażenia niezadowolenia, niektóre dzisiejsze kobiety przypisują Lilith kwalifikację bycia pierwszą feministką kuli, ale jest to kolejny temat, który zostanie wyjaśniony w innym czasie i miejscu.

Po pierwszej odmowie Adama i uporze w zmianie stanowiska i nie przyjmowaniu propozycji, za każdym razem, gdy pierwszy mężczyzna szukał pierwszej kobiety do zrobienia małych rzeczy, ona odmawiała, powołując się na bóle głowy. Nieoryginalna wymówka, ale taka, która dominuje do dziś.

Problemy małżeńskie trwały nadal. On chciał, ale ona nie. Adam starał się twierdzić, że jest szefem nowo powstałego gospodarstwa domowego, ale nie znalazł wystarczającego usprawiedliwienia dla swojego wsparcia, ponieważ nie pracował, aby zapewnić żonie, ani nie zapewnił jej ubrania, tylko dlatego, że jeszcze o tym nie pomyślał. W związku z tym nie mieli nawet przyjemności rozbierania się. Nie przyjęła żadnej kłótni i powiedziała mu twarzą w twarz, że oboje są równi i mają te same prawa, i że zawsze nie! Dodała, że woli być wolna i w razie potrzeby, nawet celibat, że przecież i w razie potrzeby kłamała, może obejść się bez seksu.

Adam, zniechęcony wstrzemięźliwością, próbował spalić swoją ostatnią kasetę, argumentując, że oboje mają tłusty obowiązek zaludnienia świata swoimi potomkami, które zostały do tego celu stworzone, i że dla wypełnienia tego zadania związek małżeński jest nieunikniony, ponieważ w tak odległych czasach nie rozważano jeszcze sztucznego zapłodnienia, a tym bardziej zimnego klonowania. Ich argumenty nie zadziałały. Lilith powiedziała, że nie obchodzi ją, że świat będzie niezamieszkały, że bolesny poród nie był w jej planach i że znacznie mniej będzie poświęcać piękno swojej sylwetki z irytującymi ciążami i z decyzją zabrała swoją kolekcję grzebieni i grzebieni i opuściła raj.

Adam był pozostawiony sam sobie i smutny. Mówiąc ci, bój się, że ominęła mnie nawet niekończąca się gadka twojego małżonka. Wkrótce, z zazdrością, zaczął obserwować samce innych gatunków w akcji, aby zobaczyć, czy może się czegoś od nich nauczyć, a następnie zaczął obserwować i śledzić swoje samice podejrzliwie.

Bóg, zdając sobie sprawę z tego, co się działo, potrząsnął głową w niewierze, żałował celibatowego człowieka, a ponieważ coś trzeba było zrobić pilnie, zanim oszalał, lub co gorsza, pierwszy przypadek bestialstwa, powiedział:

-Uspokój się, mój chłopcze. Dam ci innego partnera, i tym razem będzie to ten właściwy.

A kiedy pierwszy wirtualny rozwodnik spał, jak wiadomo, wyciągnął żebro i uformował z nim Ewę. Kiedy się obudził i zobaczył swojego nowego towarzysza, trochę brakowało mu kontaktu wzrokowego. Był zachwycony. Powiedziano z przyjemnością: Ta, jest taka, jak ona chce! Jest lepszy od tego drugiego i nie tracąc czasu, otworzył go. Ewa była zadowolona, bo Adam był już człowiekiem doświadczonym i gdyby koncepcja ta istniała w tamtych wczesnych czasach, powiedziano by, że myślał, iż jest ojcem piskląt. Nasza matka Ewa, będąc zadowoloną kobietą, nie była nerwowa i była nawet potulna.

Lilith, nieświadoma najnowszych wydarzeń, żyła długo i szczęśliwie. Podobało jej się przekonanie, że wyszorowała Adama i że nie ma z kim leżeć, a nie tylko spać, i że będzie za nią tęsknił na zawsze. - Niech cierpi! Powiedziano, że z satysfakcją. Ale pewnego dnia dowiedział się o *drugiej*. Adam miał nowego partnera! I który chwalił się, że jest szczęśliwy. To był jej koniec. Lilith, która poza Edenem nazywała się Nimfomanką, rzuciła taką furię, że nawet tłum demonów, w których była szaleńczo zakochana, był przerażony.

I choć brzmi to jak opera mydlana, krzyczał, że jedyne co mu zostało, to zemsta. Zobaczylibyście tę parę drania!

Przez długi czas spisywał to, co uważał za swoją uzasadnioną zemstę i pewnego dnia pojawił się przed Ewą, z oryginalnym wyglądem żmii i skłonił ją do nieposłuszeństwa rozkazowi wydanemu przez Boga, aby nie jadła owocu zakazanego drzewa. Ewa, niewinna, zjadła i jak poczuła się pyszna, prawie jak orgazm, podzieliła się tym z Adamem i oboje zostali natychmiast wyrzuceni z raju, z konsekwencjami rozpowszechnionymi przez media.

Przez długi czas na Evie spoczywała odpowiedzialność za niefortunną sytuację, w jakiej żyje ludzkość, ale w sprawiedliwości ujawnienie prawdziwej historii mści się na naszej matce Evie i wskazuje na prawdziwego winowajcę: niejaką Lilith, która przy okazji odziedziczyła pseudonim opery mydlanej.

RUTH

Nikaraguański pisarz:
David Ocón

Ruth była piękną dziewczyną w zasłużonym wieku, która mieszkała w Moabie i przypadkiem wyszła za mąż za Cheliona, cudzoziemca z Judy.

Po dziesięciu latach bezowocnego małżeństwa, została owdowiała, nie miała dzieci i nędznego majątku. Ponieważ samotność jest smutnym i złym doradcą, Ruth wolała zostać, by żyć i opłakiwać swoje nieszczęście w towarzystwie swojej teściowej, Naomi i jej bratowej Orfy, które również były wdowami. Te trzy kobiety pozostały bezradne, ale zjednoczone bólem i nieszczęściem.

Pośród trudów biedy, do trzech kobiet dotarła wieść, że w Judei życie było smaczniejsze, panuje dobrobyt i było w zasięgu jej mieszkańców i ciężko pracujących ludzi, którzy zapuścili się w te strony. Wielu Moabitów, którzy nie wątpili w *prawdziwość* tych twierdzeń, wyemigrowało do tego miejsca, które zostało im przedstawione jako raj. Jednak większość migrantów, z powodu braku dokumentów, przekroczyła granicę nielegalnie i została nazwana *"back-burners", ze względu na surowe, pustynne* słońce granicy.

Może to być iluzja, ale ponieważ piaski po drugiej stronie płotu wyglądają na bardziej złote niż ich własne, a przed władzami Judy myśleli o zbudowaniu muru na granicy, aby uniemożliwić wjazd nieudokumentowanego rabina, Ruth, przy pomocy *kojota,* urządzonego w celu emigracji. Ponieważ był czas żniw, a ci po drugiej stronie potrzebowali bransoletki, aby ją podnieść, zdecydowała się natychmiast wyjechać z teściową w pogoni za żydowskim marzeniem. Orpha odmówiła im towarzyszenia, powiedziała nie, że woli jeść tortille z solą w swoim kraju i nie stać się smutnym sługą nękanym przez dzieci szefów lub robotnikiem nikczemnie wykorzystywanym przez chciwych po drugiej stronie granicy. A on został.

Ruth znalazła pracę w gospodarstwie jednego z Boazów, miejscowego bogatego człowieka, i pilnie zajęła się koszeniem jęczmienia i pszenicy. Boaz, który był podejrzliwy co do uczciwości zagranicznych pracowników, nieustannie chodził po swoim majątku, aby zająć się *polem kukurydzy.* Podczas jednej z podróży zobaczył Ruth i od razu jego duchy podniosły się i powiedział sobie, że te pchły nie wskoczyły na mój plecak, a on spojrzał na nią. Starając się zwrócić uwagę pięknej żniwiarki, zachowywał się według niego inteligentnie, zapewniając jej coś, co wszystkim się podoba: pieniądze; natychmiast kazał brygadzistce zapłacić jej pełną pensję, a nie jak innym nieudokumentowanym robotnikom, którzy zarabiali poniżej płacy minimalnej.

Właściciel ziemi zakochał się w Ruth, a ona nie była ani powolna, ani leniwa, skorzystała z okazji, by zalegalizować jego pobyt w kraju poprzez małżeństwo i oczywiście uzyskać dostęp do bogactwa jego konsorcjum. Po wejściu Boaza do Ruth, ojcował Obed, którego tubylcy później dyskretnie i potajemnie nazywali El Chopo, ponieważ był synem cudzoziemca i ponieważ z innymi chłopcami w tym samym stanie, mówili dialektem, którego nie było ani tu, ani tam, używając słów z obu języków.

Ruth zrealizowała swoje żydowskie marzenie i mieszkała na wsi, przez resztę swoich dni, spokojnie i z dala od biedy. Nie wyobrażając sobie, że dzięki jego decyzji i jego dobrej gwieździe, z czasem jeden z jego potomków stanie się godnym pozazdroszczenia pierwszym sędzią kraju i będzie znany pod słynnym nazwiskiem Król Salomon.

THE HARÉN

Drugie miejsce w 14.
konkurs literacki "Rama: cuento"
Instytut Kultury Latynoskiej Quezalteco.
Quetzaltenango, Gwatemala. styczeń 2007 r.

Byłem jednym z siedmiuset. Tak, moi drodzy przyjaciele, jedna z siedmiuset żon króla Salomona Dla mnie to był zaszczyt znaleźć się w tej prestiżowej, zazdrosnej i wybranej kategorii.

Byłam królową! Nie tylko ja, ale ja byłem suwerenny. Nie tak jak pozostałe trzysta kobiet, które podlegały mu na każdym kroku, były to proste konkubiny, niektóre z nich miały bardzo niski status.

Jak widać, ten mały człowiek, z całą swoją szlachetną pozycją, nie był nam wierny. Pomimo licznej grupy królewskich konsorcjów, które posiadał, aby rozjaśnić swoją egzystencję, nadal dysponował luksusem posiadania dużej liczby konkubin. I nie wspominając już o jakimś innym małym piesku w powietrzu, który leżał w pobliżu używając swojej pozycji.

Oczywiście, aby utrzymać ten godny pozazdroszczenia rytm życia, zmuszony był szukać cudownych afrodyzjaków i jak wierzył, znalazł je w niezwykłych owocach morza, dlatego też spożywał duże ilości ostryg, małży, małży i wszelkich innych rodzajów mięczaków, które były w zasięgu jego żarłocznego apetytu, do tego stopnia, że nieograniczone spożycie przyczyniło się do położenia kresu faunie morza martwego.

Nie myśl, że Mon - z tym uczuciowym hipokortykiem, którego nazywałem, kiedy przyszła moja kolej na frolicę - uformował w ciągu nocy swój harem. Jakby to powiedzieć, wyszedł na targ, wybrał partię samic i powiedział: "ta jest w porządku", a potem zawiózł nas do swojego pałacu. Nie. Wybierał nas jeden po drugim, przez lata, z cierpliwością wytrawnego kolekcjonera, według jego opinii i gustu. Tak więc świeże mięso było dostarczane prawie wyłącznie do konsumpcji. Pierwszą z nich była córka faraona egipskiego, dlatego dumnie nazwała siebie numerem jeden i uważała, że to wielka sprawa. Nigdy nie uznał, że ten związek był tylko z powodów państwowych. Polityka, która go wzywa.

Ten człowiek miał bogactwo i chwałę. Nie tylko każdy może budować pałace i świątynie. A ponadto, aby utrzymać dużą armię, czterdzieści tysięcy koni, ich żony i konkubiny i mnóstwo służby. Można sobie wyobrazić, aby zająć się tak wiele ust i krawędzi, aby zadowolić nas w naszych kobiecych gustach. Aby pokryć pompę królewską, miał dwanaście prowincji, które pracowały od świtu do zmierzchu przez cały rok i każda z nich wniosła jako hołd kwotę potrzebną do jej utrzymania, przepraszam, aby zatrzymać nas na miesiąc. Więc kto nie jest, *prawda*?

Cóż, zostawmy na boku twoje umiejętności polityczne i twój dar dowodzenia. Chcesz wiedzieć, jak układał się nasz związek. Cóż, chodzi o to, żeby się do tego przyzwyczaić. Z punktu widzenia naszego bezpieczeństwa, mieliśmy codzienne wyżywienie i zakwaterowanie, przecież najważniejsze jest przetrwanie i to było przykryte.

Ten człowiek był lubieżny. Czterdzieści lat panował, cieszył się życiem i swoim dobytkiem, łącznie z nami. Większość z nas tego chciała, i bez słowa ostrzeżenia, musieliśmy się tym podzielić. Był on częścią naszej kultury, **tak samo jak** człowiek był stadniną, a my oddaliśmy w najlepszym wypadku przyszłych mężczyzn, którzy zajmowaliby się milicją, kastą religijną i innymi kategoriami społecznymi.

Zaakceptowałyśmy naszą kondycję ze stoicyzmem i były kobiety z zagranicy, które oczywiście zazdrościły nam naszego losu za bezpieczne jedzenie i za to, że nie musiałyśmy pracować, nawet za utrzymanie naszych dzieci.

Czy mieliśmy cielesne apetyty? Oczywiście, że tak! Czy więc umarliśmy? Wszyscy ubrani jesteśmy tak, aby wyglądać atrakcyjnie w oczach naszego wspólnego męża i wykorzystać nasze umiejętności w łóżku, aby wygrać jego preferencje i zostać wezwanym z powrotem. Ale on lubił odmianę i obracał nas w ścisłej rotacji, głównie gdy był młody i chwalił się.

Kiedy jedna z nas opuściła swoją zmianę z powodu choroby, będąc w jej trzech dniach, ciąży lub ewentualnego odrzucenia, zmuszone byłyśmy czekać cały cykl, aby zasnąć w królewskim wzgórzu. Nie mogliśmy protestować, nie mogliśmy też udać się na strajk z zamkniętymi nogami, ale jeśli zgodzilibyśmy się między sobą, moglibyśmy przedstawić sugestie. W niektórych przypadkach akceptował je i uważał za zabawną grę. Jedną z tych propozycji było zrobienie loterii, umieszczenie na niej numeru, który by nas identyfikował i ten, który był "faworytem", spędziłby z nim noc.

Przez chwilę ten system był ekscytujący, ale byli szczęściarze, którzy wyszli więcej niż raz, albo legalnie, albo może dlatego, że udało im się oszukać. Kto wie? Ale inne dziewczyny nie miały szczęścia. Na dłuższą metę, gra sprawiła, że kobiety i sam król byli zdesperowani, ponieważ czasami chciał być z kimś, kto wpadł mu w oko, a to nie było faworyzowane w losowaniu. Wracamy na zmiany.

W kwiecie wieku, kiedy było mu gorąco, dzwonił do jednego z nas za dnia, a drugiego w nocy.

Były też czasy, kiedy zabierał dwie dziewczyny w tym samym czasie i grał w trójkę.

Przy innych okazjach nasz królewski konsul wchodził do haremu, wierząc, że jest pożądanym młodzieńcem, rozbierał się do naga i nurkował w basenie, abyśmy go kąpali i pieścili. Można sobie wyobrazić, że było nas tak wielu, że wielu z nas pozostało z pragnieniem nawet dotknięcia go i z powodu tumultu, niektórzy, najbardziej nieśmiali, nie mogli go nawet zobaczyć. Nie mogli nawet poczuć prawdziwego, śmierdzącego pierda.

Salomon powiedział, że kocha nas wszystkich jednakowo, chlubiąc się "*szerokością serca jak piasek, który jest na brzegu morza*". Oczywiście, że mu nie uwierzyliśmy. Każdy z nas zaspokajał swoje potrzeby seksualne najlepiej jak potrafił, albo ze sobą poprzez intymną zabawę, albo sam na sam, a niektórzy nawet ryzykowali oszukiwanie. Oczywiście nie ja!

Na początku, podczas tworzenia swojego haremu, wybrał tylko kobiety z kraju; potem polubił cudzoziemców, posiadających inne zwyczaje i przekonania; a gdy się zestarzał, pośród bolesnych ataków dyżurnego zapalenia stawów wytwarzanego przez wysokie spożycie owoców morza, manipulowali nim. Być może, aby zrekompensować jego męski spadek lub utrzymać jego łaski, które, jak myślał, wymykały się od niego; podobało mu się to cudzoziemcom i budował im świątynie dla ich bogów. Dla Sydończyków, buduję kaplicę dla bogini Astoret. Ammonitom postawił ołtarz Milcomowi, obrzydliwemu bożkowi. Wysokie miejsce dla Chemosha, kolejnego obrzydliwego bożka Moabitów i kolejne preferencyjne miejsce dla Molocha z regionu Amon. Ta sytuacja została źle przyjęta przez ludzi; podeszły wiek zmusił ich do zdrady naszego Boga. Jedynego prawdziwego Boga, a my obawialiśmy się Bożego gniewu.

To wszystko jest już za nami. Król nie żyje, a jedna zmarła zostawiła tysiąc wdów z niepewną przyszłością.

JUDIT

Judyta, moja kochanka, zostawiła swoje imię zapisane w historii narodu żydowskiego. Jak wiecie, to ta młoda wdowa w heroicznym akcie odcięła Holofermesowi głowę, nie mniej niż głównemu generałowi armii tyrana Nabuchodonozora, królowi Asyrii, który oblegał Żydów.

To jest to, co Hebrajczycy widzieli, wiedzieli i wystarczyło, aby ocalić się od szponów wroga i ogłosić Judith bohaterką. Ale wydarzenia te nie były tak proste i nie były tak dawne, jak przypuszcza większość Semitów. Nie chodzi o to, że jestem zazdrosny o traktowanie mojej kochanki, że jestem plotkarą, że chcę zdjąć jej aureolę, ale po prostu, jak byłem świadkiem wewnętrznego funkcjonowania tego wydarzenia, czuję potrzebę dzielenia się nimi z nią. Pozwól im *poznać prawdę*. Ale proszę, żeby to zostało między nami.

Bo, jak powiedziałem, ten Holofermes zamierzał ujarzmić Żydów, a przy okazji przewidział, że powinniśmy oddać hołd Nabuchodonozorowi, jak gdyby był bogiem.

Plac w Betulii, gdzie mieszkaliśmy, był oblężony i zabrakło nam jedzenia, a co gorsza, nawet wody. Obawialiśmy się, że miasto upadnie w każdej chwili. Judith zaaranżowała, że zanim to nastąpi, najlepiej będzie postawić ziemię na drodze. Niebezpiecznie było wpaść w ręce wroga, cokolwiek to było. Zazwyczaj zwycięska armia przechodziła przez broń do pokonanych bez względu na wiek, stan zdrowia czy płeć. Cóż, w odniesieniu do płci, to znaczy, ponieważ my, kobiety, nie zostaliśmy od razu wzięci w ramiona, ale najpierw wzięto nas w ramiona w inny sposób, a następnie wzięto nas w ramiona.

Judyta, dawniej służyła, umówiła się, że zabierze mnie ze sobą do tanathy, a kiedy zapadła noc, opuściliśmy Bertulię.

Nasza ucieczka była krótkotrwała, bo zaatakował nas asyryjski patrol i zostaliśmy pojmani. Zaprowadzili nas do obozu wojskowego wroga, a my spodziewaliśmy się najgorszego. Nasi porywacze mówili, że jesteśmy szpiegami i jako tacy zostaniemy ukarani. Jeden z nich powiedział, że wygodnie jest być przedstawionym generałowi naczelnemu i tak zrobił.

Moja kochanka była bardzo piękna, nigdy nie brakowało jej tych, którzy chcieli z nią i generała, który jadł obiad ze swoimi oficerami, kiedy ją zobaczył, jego oczy błyszczały i na pewno musiał powiedzieć, że teraz jest ten czas. Ta nie ucieka mi, więc zaprosiłem ją na kolację. Ja też wygrałem. Wysłano mnie na posiłek ze służbą wojskową. Po kolacji moja kochanka została sama z tym Holofermesem i kto wie, jaką historię opowiedział jej ten bardzo pracowity, a może dowódca złożył jej propozycje miłosne, ale faktem jest, że skończyło się na tym, że poszli do namiotu dowódcy.

- Jeszcze jedno na chwałę pana. Miejmy nadzieję, że przeżyje.

-Dlaczego? -Poprosiłem z niepokojem, w obawie o własne bezpieczeństwo.

-Cóż, nie wiemy", powiedział inny ze sług, "ale z kobiet, które wchodzą do jego namiotu, niektóre wychodzą żywe, ale inne są poświęcone i nie wiemy dlaczego.

-Czy oni cię nie zadowolą? -Powiedziałem prawie cichym głosem: "Mam nadzieję, że moja pani to zrobi, bo ma wszystko i jest piękna".

-Zobaczymy, wiele ładnych kobiet wyjechało na cmentarz.

Zostawiono mnie z duszą zwisającą z nici, czekając na wynik tej nocy miłości.

Zanim w obozie zapanowała cisza, jedna z służ±cych, ta najmniej mówi±ca, dyskretnie zdradziła mi sekret, który decydował o losach wybranych przez wojskowego. Podniesiony został mój alarm i modliłam się, by wszystko poszło dobrze.

Stopniowo cisza zeszła na obóz. Przyznaję, że nie mogłem spać. Najmniejszy hałas mnie zaskoczył. W oddali słyszałem, jak strażnicy robili obchód na peryferiach kantonu. To byłaby dla mnie długa noc. W ciągu godziny jednak moja kochanka była przy mnie, namawiając mnie do wyjazdu, i z największą skromnością opuściliśmy obóz i udaliśmy się do Betulii. Moja kochanka nosiła koszyk, założyłem, że to zapłata za jej usługi cielesne lub coś, co ukradła podczas ucieczki, gdy wojskowy spał. Ale nie, tak się wystraszyłam, kiedy pokazał mi zawartość kosza. To była głowa Holofermesa!

Judyta natychmiast wyszukała przywódców oblężonego miejsca i z dumą pokazała im trofeum, które nosiła. Radość była taka, że natychmiast i po cichu wezwali wszystkich mężczyzn i przygotowali na świt atak z zaskoczenia.

Obóz asyryjski został otoczony, a o świcie zaatakowali z furią. Strażnicy włączyli alarm i kilku oficerów pobiegło do swojego dowódcy, aby ich poprowadzić. Znaleziono go w jego łóżku, z obciętymi głowami. Wtedy zdemoralizowany i niekierowany oddział zaczął uciekać w nieładzie, a Hebrajczycy powrócili w zwycięstwie do ukochanej Betulii.

Natychmiast niektórzy Żydzi przenieśli się do Jerozolimy, niosąc wiadomość o triumfie i przedstawiając Judytę jako bohaterkę zwycięstwa.

Było imprezowanie i kpiący śmiech. Wojownik, ku swej hańbie, nie został zabity w heroicznej walce przez odważnych wojowników narodu żydowskiego, lecz przez słabą, lecz pewną rękę kobiety o delikatnej urodzie i wdowieństwie. A jego imię zostało zapisane nieusuwalnymi literami w historii hebrajskiej na przykładzie przyszłych pokoleń.

Nie chodzi o to, że mam zamiar, powtarzam, odebrać zasługi mojej kochance. Nie, wcale nie, ale skoro znam intymności tego faktu, chcę, abyście i wy to wiedzieli, jak powiedziałem na początku, ale niech to pozostanie między nami.

Kiedy jedna z pokojówek zwierzała mi się z tajemnicy, od której zależało życie lub śmierć kobiet, które Holofermes zaprosił do swojego łóżka, pobiegłem do żołnierskiego namiotu i pod pretekstem, że przynoszę mojej kochance jej golenia do higieny osobistej, udało mi się z nią porozmawiać przez kilka minut i w mgnieniu oka przekazałem jej ten sekret. Najpierw kołatała się, potem zajrzała do łóżka, które na nią czekało, a potem odzyskała spokój i podziękowała mi za służbę, mówiąc, że będzie przygotowana na każdą ewentualność. Gdy przeszedłem na emeryturę, zobaczyłem miecz dowódcy na stołku, w niewielkiej odległości od łóżka. Przyznaję się, że mam gęsią skórkę, myśląc, że można by ją wykorzystać do odebrania życia mojej pani, a wtedy zostałbym pozostawiony bez ochrony i narażony na wszelkie niefortunne skutki.

Holofermes, zmęczony wojownik z wielu bitew, zarówno wojskowych, jak i sypialnianych, cieszył się miodem miłości z każdą kobietą, jaką chciał. Kiedy zwyciężył w tej intymnej walce, dziewczyna doczekała się ogłoszenia jego wyczynu. Kiedy został pokonany, nie dlatego, że był zmęczony, ale z powodu jego wczesnej dysfunkcji erekcji, samica została uciszona na zawsze. Judith, ty sagacious man, po prostu go do tego pobić.

LIMBO

Don Judasz Iskariota, rzekomy zdrajca, który sprzedał Jezusa za trzydzieści nędznych monet, nie był tym nikczemnym i diabolicznym człowiekiem, którego wszyscy stworzyli, ponieważ wypełniał tylko powierzoną mu misję. Jak sam mówi, był on aktorem, który zastosował się do listu, który był już napisany i Jezus wiedział o tym wcześniej, ponieważ został również włączony do tej samej roli i z rolą główną.

A ponieważ trzeba było zachować pozory, aby zrzucić masy, don Judasz zginął na specjalnie ustawionej scenie, w której było drzewo i tania lina. Ale wtedy powstał mały problem sumienia, ponieważ jego dusza nie mogła być wysłana do piekła, aby cierpieć jak każdy inny zły podmiot, a tym bardziej do nieba, gdzie jego mieszkańcy słusznie protestowali, i który, aby dotrzeć do tego idyllicznego miejsca, musiał przejść przez wiele poświęceń i żyć w świętości, pozbawiając się wielu przyjemnych rzeczy, ale naznaczone grzesznością.

Według kronik życia pozagrobowego, na niebie, będąc jednym z nich, na gości czeka wiele mieszkań, niektóre zamieszkałe, a inne zamieszkałe. Poza tym niebem istnieją inne punkty docelowe, takie jak przerażające piekło, które pomimo swojej złej reputacji, wielu ludzi robi wystarczająco dużo, by ich dusze mogły się do niego przenieść. Niebo i piekło to jakby alfa i omega tych pokoi. Ale pośród nich są też inne ośrodki, być może bardziej zamieszkałe, takie jak Limbo i czyściec.

Limbo z jego dwoma dużymi sekcjami. Jeden, dla dusz świętych i patriarchów starożytnych, którzy do niedawna czekali na dzień odkupienia rodzaju ludzkiego. To było jak przymusowy przedsionek, bo przyszedł ten chwalebny dzień, a potem zostaną przeniesieni do nieba. I jeszcze jedna sekcja, za dusze dzieci, które zmarły przed chrztem. Chociaż dzieci te były już naznaczone grzechem pierworodnym, nie miały jeszcze okazji do egzekucji własnych grzechów i dlatego pozwolono im zająć ten dwór.

I wreszcie czyściec, kolejne miejsce przejścia, gdzie mieszkają dusze katolików, którzy potrzebują jeszcze wykończenia, bo umarli w Bożym stanie łaski, ale którzy potrzebują oczyszczenia na jakiś czas, zanim osiągną chwałę. Podczas gdy ten moment nadchodzi, spędzają swój czas z pracą i trudami, wznosząc toast za powolny ogień, ale z mniejszą intensywnością niż goście Saty, i z nadzieją na wyjście i przelot non-stop, do upragnionego nieba, gdy czas jest odpowiedni.

Dla Don Judasza Iskarioty, ten który, zgodnie z jego rolą, sprzedał Jezusa za trzydzieści monet, jest w Limbo, ciesząc się pokojem i spokojem, podczas gdy czas windykacji nadchodzi, ponieważ choć akt zdrady, który najwyraźniej przeprowadził z tej transakcji handlowej, zasługuje na ogólne odrzucenie, nie zrobił tego z własnej woli, ale tak, że to, co zostało napisane może być spełnione. A skoro nie wini się tego, kto dowodzi, to dyskretnie umieszczono go w tym miejscu, a czas mijał, a wydarzenia ochładzały się. Teraz nadszedł czas, bo z powodu cięć budżetowych limbo zostanie zamknięte. Część zajmowana przez świętych i patriarchów starożytnych była już opróżniona i pozostawiona jak każdy wynajęty dom, nietknięta i z wyraźnymi śladami pozostawionymi przez zaniedbania. Jego dawni mieszkańcy, na wołanie "idź", wyszli w bezładnym tłumie i szczęśliwie zajęli niektóre z licznych siedzib Nieba.

Judasz został pozostawiony sam sobie w tej Sekcji, gdzie przez długi czas pozostawał niezauważony, dezorientując się wśród jej dawnych mieszkańców, dzięki dyskretnym działaniom i nieustannej mobilności. Cierpi teraz na samotność, ponieważ nie wolno mu chodzić do sekcji dziecięcej z powodu żelaznych przepisów w tych regionach i z powodu niesłychanych środków ostrożności. Obecnie Watykan przygotowuje się do zamknięcia sekcji dziecięcej i w ten sposób Limbo przejdzie do historii, a Don Judasz będzie musiał zająć inne mieszkanie.

Równolegle z zamknięciem Limbo prowadzona jest windykacja Don Judasza, a dzięki usunięciu ciężaru winy usunięty zostanie także naród żydowski. Podczas gdy te uciążliwe niebiańskie procedury są przeprowadzane, ale nie mniej biurokratyczne, Iskariota będzie musiał spędzić trochę czasu w czyśćcu, podczas gdy on oczyszcza swoją duszę lub że inna instytucja jest zamykana i czas nie jest daleko, zgodnie z ostatnimi doniesieniami mediów.

Korzystając z zamknięcia Limbo i nadchodzącej windykacji Don Judasza, Żyda z urodzenia, który jednak swoim działaniem dotknął cały naród, który nie miał z nim nic wspólnego, i który z tego powodu spowodował u niego smutne i godne pożałowania niedogodności na przestrzeni czasu, jego prawnicy rozpoczęli od odpowiednich apelacji.

Apelacje, w imię *prawdy, wynikają* raczej z faktu, że Don Judasz nie był wykonawcą z własnej woli i twierdzą, że z tego powodu był chroniony i dyskretnie trzymany przez lata w Limbo, pod ochroną wszelkich cierpień. Leguleyanie uważają, że teraz, kiedy prowadzone są procedury wyzwolenia go od winy, nie musi on iść do czyśćca, jak to mówią, aby oczyścić się i cierpieć za coś, za co nie jest odpowiedzialny, nawet przez krótki czas, zanim dotrze do windykacji, do Nieba i ołtarzy.

STAROŚĆ KRÓLA

Kilka lat po tym, jak król Dawid przekroczył smutny próg starości, to znaczy "*będąc starym i zaawansowanym w latach*", zaczął cierpieć na straszne przeziębienia i nie był ogrzewany przez nic, nawet przez umieszczenie bransoletki pod łóżeczkiem, nawet przez przykrycie go dziesięcioma ponczami mamostecos, a nawet nie marząc o wykorzystaniu pocieszającego małego wina, bo jego wątroba nie była już do tych trotów.

Ciągle narzekał, z rozpaczliwym grzechotaniem wytwarzanym przez kilka zębów, które mu pozostały. Zdesperowany przez swoich sługusów za irytację staruszka, przyszło mu do głowy, że stawiając obok siebie ładną, dziewiczą dziewczynę, jego krew się zagotuje, jego duch podniesie się i, co najważniejsze, przestanie się pieprzyć. Więc zaczęli szukać odpowiedniej dziewczyny i pilnowali pięknej Abishag, Shunammite z urodzenia. Ona, za wynagrodzeniem, jedzeniem i ponieważ nie miała innego wyboru, akceptuję to.

Młoda panna, udając, że nie zauważa nieświeżego oddechu monarchy, pieściła go, osłaniała, wsiadała pod jego kurtki i spała z nim, ale nic. Szczęki Dawida wciąż drżały, a on grał głupca na zazdrosnej obecności wdzięcznego jubileuszu. Nie chciałem, by utrata jego męskiej mocy była oczywista. Jego pragnienie było tak samo martwe jak gigantycznego Goliata. I na zakończenie rozdrabniania, opłakiwano, że kupcy afrodyzjakowi już dawno opuścili ten region i nie mogli znaleźć nikogo, kto dostarczyłby mu cudowny proszek z rogu nosorożca lub penisa szopa, a w tamtych odległych czasach nie śniło się nawet o zbożnej i błogosławionej Viagra.

A biedny David zmarł bez "*spotkania*" z Abishagiem.

Adoniasz, syn Dawida i brat Salomona, zobaczył swoją sfrustrowaną macochę, spojrzał na nią i powiedział do siebie, że gdyby mój staruszek nie mógł zjeść tego małego kąska, godnego arcykapłana, to ja bym to zrobił. I szczęśliwy, pełen nadziei i wylizując z góry swoje wąsy, pobiegł zapytać Salomona, który odziedziczył tron. Ale Salomon powiedział "nie"!

-To, czego mój ojciec nie mógł skosztować, nie będzie też dla ciebie. I miłosiernie zabrał to właśnie tam, aby oszczędzić ci cierpienia, które powoduje zło miłości.

Abisag, zdając sobie sprawę z zastosowania tak radykalnego środka, poszedł z dymem. Nie byłoby tak, że Salomon chciałby domagać się męskiego honoru rodziny, którego nie uznał za zły, albo, co gorsza, chciałby zostawić swoje dziewictwo jako dzieło muzealne na zawsze i na zawsze, to na *pewno*!

ONI ZABILI TEGO CZŁOWIEKA

Oni zabili tego człowieka! Jak to, jakiego człowieka? Ten, który uratował mi życie, o kim innym miałbym mówić?

Cóż, nie było cię tam i chcesz znać *prawdę* i jak to się stało. Powiem ci teraz.

Byłem żonaty. Jak to jest w zwyczaju w naszej wiosce, mój ojciec i ojciec mojego męża zgodzili się, zorganizowali ślub i niezależnie od naszych uczuć, poślubili nas.

Jako dobra córka, zastosowałam się do tego polecenia i zamieszkałam z mężem. Początkowo szanowałem go, wypełniałem jego kaprysy i obowiązki, których wymagała moja rola.

Codziennie, jak inne kobiety we wsi, chodziłam do studni, żeby przynieść wodę do domu. Raz spotkałam przystojnego młodego mężczyznę, który wydobywał płyn dla swoich owiec. Nasze oczy się spotkały.

Przyznaję, że byłam zdenerwowana, kolory urosły mi do policzków, a serce biło mi z szaleństwa. Po raz pierwszy poczułam się jak kobieta, poza tym uważałam się za ładną i pożądaną. Te oczy, które nie spuszczały mnie z oka, doprowadzały mnie do szaleństwa. Przy tej okazji, to wszystko, nic więcej się nie stało. Ale zabrałam ze sobą wspomnienie tego kluczowego momentu i każdą chwilę myślałam o tym przystojnym chłopcu, który posiadał ten wygląd, który budził we mnie miłość, która we mnie spała. Niestety, myślałem jednak, że już nigdy go nie zobaczę.

Ale następnego dnia, znowu było w rowie. I dwa, trzy i więcej dni później też. Nie mam wątpliwości, że znał moją rutynę i szukał właściwego momentu, aby się ze mną spotkać. Z każdym spotkaniem rosła we mnie pasja, która zamieniała się w miłość. Straciłem zwykły spokój, wszystkie moje zadania wykonywałem automatycznie, ponieważ moje myśli nie były na moich działaniach. Nie, oni zostali z nim. Uwierz mi, byłam zdezorientowana, ponieważ nic takiego nigdy wcześniej mi się nie przytrafiło, a ponadto martwiłam się, ponieważ nie byłam wolną kobietą, byłam mężatką i należał mi się szacunek dla mojego honoru i męża. Dla mnie, miłość nie wchodziła w grę.

Moja mama, moja babcia i kto wie, ile pokoleń przed tym musiało przestrzegać decyzji rodziców i poślubić przydzielone im pary. Być może, nigdy nie znali miłości. Ta miłość, która była we mnie obecna i która mnie torturowała.

Nadszedł dzień, kiedy ten przystojny młody mężczyzna podszedł do mnie pod pretekstem, żebym dał mu trochę wody do picia. Trzęsącą się ręką dałem mu kielich, a gdy go wziął, jego ręka szczotkowała o mój. To był lekki dotyk, ale nie możesz sobie wyobrazić, jakie to we mnie wzbudziło emocje.

Nadal spotykaliśmy się przy studni, czasami były inne kobiety, a czasami nie. Zaczęliśmy się witać jako dawni znajomi.

Twoje imię? Santiago. Wspólne imię wśród naszych ludzi, ale czułem, że miłość jest wyłączna.

Widziałeś te spojrzenia na twarzach kochanków? Tak. Cóż, wydaje mi się, że nasz wygląd oddał nas innym użytkownikom wiosny. Nie obchodziło mnie to. To, co się ze mną działo, było poza granicami zdrowego rozsądku. Wiedziałam, że igram z ogniem, że każde działanie, które podjęłam jako zakochana kobieta, przybliża mnie do odwetu, rozwodu czy samej śmierci. Drżałem tylko o tym myśląc, ale nie obchodziło mnie, co przeżyłem i czego pragnąłem, było poza jakąkolwiek konsekwencją. Tęskniłem i troszczyłem się tylko o jedną rzecz. Żeby wziąć mnie w ramiona, choćby tylko raz w życiu. I tym razem, to się stało. I to nie wystarczyło. To, co przeżyłam z nim i z miłością, bardzo różniło się od tego, co czułam z mężem i z obowiązku. On był inny, był lepszy. I wciąż widzimy się po cichu. Drżał ze strachu na myśl o konsekwencjach, ale też z pasją na każdym spotkaniu. Między drżeniem a drżeniem nasz związek trwał nadal.

Nie brakowało plotek. Nie potrafiliśmy utrzymać w tajemnicy tego, co wołało nasze serca, a ktoś, kto przyszedł do studni, przekazał plotkę mojemu małżonkowi.

Wiem, że sytuacja, w której mieszkaliśmy z moją kochanką, była obrazą dla mojego męża, dla mężczyzn w ogóle i dla kultury naszego narodu. Cudzołóstwo jest przestępstwem, które kobieta drogo płaci, mężczyzna nie jest winny; jest po prostu ofiarą zaklęcia złej kobiety.

Mój mąż czekał na nasze kolejne spotkanie i kiedy uznał to za stosowne, w towarzystwie swoich przyjaciół i znajomych przyjaciół, wybuchli w naszym małym raju, z zamiarem wzięcia na siebie osobistej zniewagi, która przez solidarność płciową rozszerzyła się na wspólnotę. Dzisiaj dla ciebie, jutro dla mnie. Ochrona udzielona jednemu honorowi służyłaby za przykład, aby nie przydarzyło się to drugiemu. Męskie prawo szowinistyczne przyjęte przez nasze społeczeństwo.

Zostałam wypchnięta, oznaczona jako cudzołożnica i zabrana na najbliższy plac, aby zapłacić za moją zbrodnię i służyć jako ostrzeżenie dla innych kobiet. Mój kochanek uciekł i nikt go nie ścigał, był tylko słabym człowiekiem, który poddał się prowokacjom niesławnej żony.

Na placu zostałam wyrzucona przez męża, obrażona przez tłum, który narastał w obliczu skandalu i był gotowy do egzekucji przez ukamienowanie. Mój los został przypieczętowany, nie było nic do zrobienia. To była cena za to, że znałem miłość. Kiedy konsekwencje naszych działań są znane i zostały zaakceptowane, pozostaje tylko zrezygnować. Była potępioną kobietą, która drżała i czekała tylko na możliwy do przewidzenia koniec.

Byłem więc, gotów zapłacić cenę za miłość i bez nadziei, kiedy pojawił się człowiek, który mnie uratował. Tak, człowiek, który właśnie zginął i który zginął bardziej gwałtownie i strasznie niż ja miałem zamiar. Być może wśród jego oprawców byli tacy, którzy skorzystali z okazji, by się zemścić za to, że sfrustrowali moją egzekucję.

Ten człowiek przyszedł, stanął w tłumie i przemówił do nich, a wszystko, co musiał zrobić, to powiedzieć z autorytetem:

-Ten, kto jest bez grzechu, niech pierwszy rzuci w nią kamieniem.

OWOCE WIARY

Hiob, człowiek z ziemi Hus, doskonały i prawy człowiek, bojący się Boga i odwracający się od zła, cieszy się błogosławieństwem Pana.

Szatan, który wątpi w stanowczość swojej wiary, szukając *prawdy i za* zgodą Jehowy, wystawia go na próbę. Hiob traci wszystko, co ma: siedem tysięcy owiec, trzy tysiące wielbłądów, pięćset jarzm wołów, pięćset masztów, służbę, siedmiu synów i trzy córki.

Z tego wynika jego wiara i wiele innych negatywnych doświadczeń, którym szatan go poddaje.

I Pan był zadowolony z siły swego sługi Hioba, i dał mu siedmiu synów i trzy córki. I w końcu nagradza go podwójnie, bo dostaje: czternaście tysięcy owiec, sześć tysięcy wielbłądów, tysiąc jutów wołów, tysiąc osiołków i dwie matki teściowe.

CZĘŚĆ DRUGA

SERIA RACHUNKÓW

ŻARTOBLIWY MIZCELLANY

ROZPACZLIWA DECYZJA

Boże Narodzenie zbliża się z wszystkimi radościami i frustracjami, które zwykle przynosi ludziom. A Patrick jest dosłownie spłukany, to znaczy, bez grosza w torbie i co gorsza, bez pracy. Jego największym życzeniem jest złożenie daru dla ukochanej panny młodej. Prezent, który pokazuje twoją miłość do niej.

-Ale jak? -Zadaje sobie pytanie.

Smutek go przytłacza i nie ma potrzeby tego robić.

Siedząc na skraju łóżka, medytuje w udręce; nagle wstaje i idzie do szuflady, gdzie trzyma swoje ubranie, otwiera ją i na koszulach widzi broń, która towarzyszyła mu przez wiele lat. Kontempluje ją przez kilka sekund, podczas gdy on pozostaje zamyślony. Następnie porusza głową z boku na bok, jakby odrzucając ideę, która przenikała jego niespokojną głowę i z impetem zamyka przedział.

Wraca do swojego łóżka, siada na nim i zdaje się medytować, nie oglądając się za meble, w których znajduje się narzędzie śmierci.

-Desperackie sytuacje, zdesperowane rozwiązania", mówi z entuzjazmem, gdy wstaje z prędkością zawodnika, który dąży do celu.

Podchodzi ponownie do szuflady, otwiera szufladę na koszulę, zdecydowanie bierze rewolwer, obraca bębenkiem i pilnie go bada, a następnie kładzie go na pasku i wychodzi na ulicę zdeterminowany.

Kilka metrów od celu, zatrzymuje się. Wydaje się wątpić w podjętą decyzję, ale odkładając na bok swoje początkowe wahania, postanawia kontynuować swój plan. Dotknij pistoletu jak gdyby, żeby się upewnić, że nadal jest na miejscu.

Dochodzi do drzwi wybranej firmy. Rozejrzyj się, upewnij się, że nie ma nikogo, kogo znasz w zasięgu wzroku. Byłoby wstyd, gdyby ktoś widział go w takiej sytuacji i jego reputacja została podważona.

Kiedy zobaczył, że nie ma żadnych przyjaciół ani znajomych w zasięgu wzroku, wszedł z determinacją, podszedł do lady zakładu i z nadzieją na wyjście z kłopotów; wyciągnął broń i zastawił ją. "««

UMOWA USTNA

Patrick szedł pospiesznymi krokami po ciemnej ulicy. Z otworu jednego z drzwi padły dwa cienie i słychać było groźny głos

-Przestańcie! Dostarczcie wszystko, co macie, albo zginiecie.

Końcówka noża na brzuchu napastnika podkreślała te słowa.

-To, co przynoszę, to niewiele - odpowiedział z niezwykłą pompą - ale przyszedłeś w dobrym momencie, aby zarobić dziesięć tysięcy kwarcowych, jeśli jesteś zainteresowany.

-Kto ma zostać zabity? Bo o to w tym wszystkim chodzi, prawda?

-Tak. Właśnie o to chodzi. To ja powinienem zostać zabity. Ale nie nożem, tylko kulą. Wypiszę ci teraz czek na tę kwotę, datowany dwa lub trzy dni temu. Ponieważ podobno otrzymali czek przed moją śmiercią, nie ma problemu i wszyscy są zadowoleni.

Prosty układ, który nasycił pragnienie Patricka, by umrzeć za niepowodzenia, jakie dało mu życie, i możliwość ekonomiczną, która w uszach napastników, którzy byli przyzwyczajeni do zabijania, dżinglowała jak dzwonek na kasie.

Szukali miejsca ze światłem. Patrick wypisał czek, wręczył go swoim oprawcom, zamknął oczy i czekał. Drugi napastnik wyjął swój rewolwer i bez dalszego trudu wykonał uzgodnione zadanie.

Następnego dnia, przed wypuszczeniem na wolność listy zabitych codziennie, przestępca z nożem wszedł do środka, by spieniężyć czek, a drugi czekał poza bankiem.

Kilka minut później wrócił, zły i smutny, miraż zniknął.

-Ten sukinsyn żartował sobie z nas. Czek się odbił.

ILUZJA ZJEDNOCZENIA

Demetrio Antonio chodził ze światłem iluzji w swoich oczach. Jego kroki doprowadziły go właśnie do miejsca, w którym poznał Miriam Mairim, piękną dziewczynę po dwudziestce, o melodyjnym głosie, słodkim charakterze i dowcipnej rozmowie.

-How good," zostało powiedziane, "is to walk again the path of memory.

Przy tej pierwszej okazji siedział na jednej z ławek w starym parku Morazán, kiedy ją zobaczył i wystarczyło, że urodziła się tam miłość. Dziś przyszedłem do tego samego ogrodu i tej samej ławki, mając nadzieję na ponowne spotkanie z nią. Z każdą dziewczyną, która pojawiła się w oddali, jego serce przewracało się. Myślałem, że ją widziałem, ale wkrótce rozczarowanie boleśnie zatonęło w jej najgłębszej istocie. To nie była ona. Widział, jak przychodzili oczami nadziei, dopóki nie przeszli obok niego. Jedni się do niego uśmiechali, inni ignorowali go lub po prostu nie zauważali.

Z pracowitością doświadczonego pracownika odtworzył wspomnienia z tego szczęśliwego spotkania. Z tej okazji Miriam Mairim nosiła przy sobie swoje książki uniwersyteckie i gdy przeszła przed nim, przypadkowo je wyrzuciła. Demetrio Antonio, zręcznościowy kot myśliwski, pobiegł mu na pomoc. Oboje wzięli książki, a potem z uśmiechem patrzyli na siebie. To wystarczyło, aby powstał świat iluzji. I był tam dzisiaj, by przeżyć to spotkanie. Oczywiście, jego umysł odtworzył o wiele więcej.

Pozostał na ławce przez kilka godzin, aż wieczór niebezpiecznie się zamknął. Ze smutkiem zdecydował, że nadszedł czas, aby rozpocząć dyskretne wycofanie się, w kierunku miejsca, w którym żyła okrutna rzeczywistość. Ale był skłonny wracać tak często, jak wymagała tego nostalgia. Zjednoczyłby się z nią, gdy nadszedł czas, by zjednoczyć się z kobietą, z którą był żonaty od czterdziestu lat, aż do chwili, gdy śmierć ich rozdzieli.

TOP MODEL

Podczas gdy publiczność uczestnicząca w tym wspaniałym pokazie mody oklaskuje z podnieceniem, gdy każda modelka przechodzi obok, Cecilio, zamknięty w więzieniu swoich myśli, nie cieszy się pokazem i ledwo daje im kilka okruchów swojej uwagi.

"Szczęściarz ze mnie", lamentuje, "nie ma wyjścia z biedy". Losowania przychodzą i odchodzą, i nie ma mowy, żebym trafił w dziesiątkę. Może dlatego, że nigdy nie biorę udziału. Ale to nie jest wymówka, szczęście jest w znalezieniu wyrzuconego numeru, a następnie, że jest on przyznawany".

Przedstawienie idzie do przodu i zbliża się do szczytu.

"Na piechotę; całe życie na piechotę, podczas gdy inni mają aż dwa lub więcej wozów. Bez ubrania, bez pracy, bez kota do drapania, bez psa do szczekania na mnie.

-"A teraz z tobą", ogłasza mistrz ceremonii, "nasz gość honorowy". Piękna, zmysłowa, niezrównana Claudia Schiffer, królowa i dama wszystkich wybiegów na świecie.

Brawa, gwizdki i oczekiwanie od podekscytowanych widzów. Podczas gdy Caecilius wydawał się być odporny na szum chwili.

"Brzydki, nieśmiały, źle ubrany i przestraszony. Życie bardziej nędzne! Lepiej byłoby umrzeć."

Wciąż lamentuje nad swoim istnieniem i nad tym wszystkim, co dało mu życie, a raczej nad tym, czego nie dało mu ono.

Piękna modelka, jako główny punkt programu, musi zasadzić pocałunek do jednej z asystentek i widząc smutną twarz młodego mężczyzny, wybiera go do złożenia w policzek promocyjnego pocałunku. Podchodzi do niego i daje mu najmoczniejszą i najbardziej zmysłową pieszczotę, jakiej wymaga jej kontrakt; potem słodko się do niego uśmiecha, odwraca i znów idzie na wybieg, podczas gdy cała męska publiczność zazdrości Cecilio powodzenia.

"Mój jest nieszczęśliwy", ubolewa nad szczęściarzem, "z gniewem i urazem". To zepsuło mi dzień.

THE BOTTLE

Wczoraj, niedługo po świtu, szedłem wzdłuż ciemnych piasków nad morzem, przeciwstawiając się zimnu, którym obdarzył nas wschód słońca. Plaża była opustoszała, gdyż kąpiący się podjęli mądrą decyzję o pozostaniu w łóżku jeszcze kilka godzin, ogrzanym przez swoje przytulne kurtki.

Chodziłem powoli, odbierając na boso zimną wodę i obserwując piękno otaczającego mnie krajobrazu. Moją uwagę zwróciła butelka, która przewróciła się po piasku w delikatnym kołyszeniu się, wywołanym przez niegdyś silne fale, które przyszły umrzeć z zadziwiającą miękkością. Pomyślałem: jeszcze jedna z wielu butelek pozostawionych przez nieodpowiedzialnych gości, którzy nie są ekologicznie świadomi; potem uśmiechnąłem się i powiedziałem sobie żartobliwie, może to jedna z tych mitycznych butelek, które zawierają przesłanie o pomocy lub, jeszcze lepiej, butelka z planem bajecznego skarbu.

Ciekawość doprowadziła mnie do zatrzymania jej nieustannego ruchu, wziąłem ją w swoje ręce i zbadałem. To była srebrna butelka, która nie pozwalała ci zajrzeć do środka. Zdjąłem czapkę i w podziwie zobaczyłem leniwy biały kiełek chmury, a w nim małego człowieka, który zmaterializował się przede mną. Dżina w butelce! Wołałem z emocjami i tysiącem życzeń, które oczywiście obejmowały władzę i bogactwo.

Takim geniuszem okazał się drżący staruszek z hojną białą brodą i karnacją bardziej pomarszczoną niż jądra nieageneratora. Pomimo swojej starości", powiedziałem sobie, "jest on nadal geniuszem i bardziej doświadczonym z powodu swojego długiego życia. Natychmiast go przywitałem i ani nudny, ani leniwy nie złożył życzenia. Spojrzał na mnie ze smutkiem i powiedział:

-Mój przypadkowy mistrz, wszystko kończy się w tym życiu, młodości, mocy, a nawet magii. Jestem, a raczej byłem geniuszem, ale teraz jestem prawie wyłącznie śmiertelnikiem, podmiotem, który przeszedł na emeryturę przez bezlitosny czas. Magia, którą posiadałem, zniknęła. A ponieważ w naszej gildii nie ma emerytury, nie ma nawet azylu dla emerytowanych geniuszy, po latach służenia mojemu byłemu panu, byłem zmuszony poprosić go, z dobroczynności, aby kazał mi wejść do butelki, a następnie wrzucić ją do najgłębszego morza i w ten sposób w tym schronieniu, ukryć moją dekadencję przed oczami ludzi. Dla kogoś z mojego rodu nie ma nic bardziej żenującego niż bycie bezsilnym wobec publiczności pełnej oczekiwań.

Przepraszam, że spóźniłem się w twojej obecności i że twoje iluzje poszły na marne. Nie mogę wam służyć, ale w zamian za wszystkie życzenia, które przez wieki przekazywałem, nawet jeśli nie byliście jednym z beneficjentów, proszę was w litości o spełnienie jednego życzenia.

-A co to za pragnienie? -Zapytałem.

-Powiedz mi, żebym wrócił do butelki, zakrył ją i wrzucił do morza. Przez chwilę czułem się silny. Ja, zwykły śmiertelnik, spełniam życzenie dżina.

Pozwoliłem mu na to.

Od tego czasu i po tym traumatycznym rozczarowaniu, odrzucam każdą butelkę, którą znajdę poza barami.

BOTH EYES

Jednooki mężczyzna i jednooka kobieta chodzą ulicami wielkiego miasta, a oni nigdy się nie spotkali.

Mężczyzna w dzieciństwie stracił prawe oko, gdy jeden z jego kolegów został postrzelony z pistoletu kuloodpornego, którym polowali na gołębie w okolicznych wąwozach. Ten wypadek naznaczył go na resztę życia i z powodu jego *półświatka nie* ma dziewczyny. Żaden z nich tego nie robi.

Zamiast tego, kobieta była blisko małżeństwa i można powiedzieć, że prawie go dotknęła, ale fatalizm stanął na jej drodze. Podróżowała samochodem swojego przyszłego męża, gdy nagle przed pojazdem przejechało dziecko i młody mężczyzna, przestraszony, próbował ominąć niemowlę, ale przy takim pechu, że uderzył w słup światła ulicznego i w nieszczęściu, dziewczyna straciła jedno ze swoich pięknych oczu. Jej przyszły mąż, który uważał się za winnego tego, co się stało, zapewnił ją, że nic nie zmieni się między nimi i że miłość jest ponad wszystko. Ale wkrótce, pod pretekstem wyjazdu do Stanów Zjednoczonych, na krótki czas, aby zarobić kilka dolarów na wyposażenie swojego przyszłego domu, wyjechał. Minęły ponad dwa lata i już nigdy się z nią nie kontaktował.

Dwóch jednookich mężczyzn posuwa się naprzód, każdy na własną rękę, nieświadomi spotkania, które dało im przeznaczenie.

Nagle, kiedy skręcają w kąt, są twarzą w twarz. Wyglądają na zaskoczonych i uśmiechniętych. Każdy obserwator powiedziałby, że dla nich dzień stał się jasny. Plastry, które pokrywają brak jednego z ich organów wzrokowych, sprawiają, że czują się pewnie i siostrzanie.

Obaj odczuwają potrzebę rozmowy, ponieważ nie każdego dnia inna osoba znajduje się w tym samym, szczególnym stanie.

-Witam, nazywam się Fulgencio i widzę, że mamy ten sam problem.

-Jestem Gertruda, i myślę, że masz rację. Jesteśmy członkami tego samego klubu.

Rozmowa z łatwością weszła na ścieżkę przyjaźni, a uśmiechy rozkwitły na jej ustach, by następnie ustąpić miejsca pasji. Kupidyn zamknął jedno oko, nie po to, by naśladować członków pary, ale by wyostrzyć swój cel i trafił w cele; te dwa serca spragnione zrozumienia i miłości.

Popularne powiedzenie mówi, że każda owca szuka partnera i to prawda, trudniej jest go znaleźć. Ale na szczęście, widzieliśmy pary niewidomych, głuchych i głupich, alkoholików... Uzupełniają się wzajemnie. Istnieje nawet małżeństwo utworzone przez kobietę, której piersi zostały usunięte, a jej mąż ma tylko jedną rękę. Mądra bogini miłości, dała tym małżonkom dokładnie to, czego potrzebowali. Biurową korespondencję, którą ci mówią.

UZALEŻNIONY OD WAMPIRÓW

Jestem wampirem i mówię to z dumą. Każdy by pomyślał, że to hańba albo przekleństwo, ale to nieprawda. Nasze życie jest tak samo normalne jak życie psa, kota czy nawet człowieka.

Wampiry lubią krew wszelkiego rodzaju, chociaż istnieją pewne odmiany, takie jak AB minus, które wywołują u nas żałobę. Nic, czego nie można by naprawić za pomocą odpowiedniej mikstury. Jednym z zagrożeń, owocem szalonej nowoczesności, jest zarażenie się AIDS, ale w tym życiu wszystko niesie ze sobą ryzyko.

Prowadziłem normalną i przyjemną egzystencję, śpiąc za dnia i realizując się w nocy jako wampir. Wykorzystując swój ludzki wygląd, odwiedzałam dyskoteki, teatry i wszelkie inne zatłoczone miejsca; dla mnie to było jak spacer po supermarkecie pełnym pysznego jedzenia, gotowym zatopić w nim zęby.

Zaprzyjaźniłem się z innymi ludźmi i z wieloma osobami, aż przyszedł czas na przekąskę. Znikanie jednostek w tych czasach jest czymś tak powszechnym, że nie zwraca się już na to uwagi. To zaleta, "spiżarnia" jest zawsze pełna, to tylko kwestia wyboru dania na dzień, a raczej na noc i zaspokojenia bezwzględnych potrzeb narzuconych przez apetyt. Sytuacja, która nie powinna lub nie powinna nikogo szokować, jest częścią łańcucha pokarmowego. Prędzej czy później, żywi czy martwi, wszyscy karmimy inne istoty.

Cóż, dogadywałem się z młodymi ludźmi obu płci i pielęgnowałem ich przyjaźń, z taką samą starannością jak hodowca drobiu czy katolik. Prognozowanie jest jednym z wymogów przetrwania. Dla każdego smakosza, smak jest zróżnicowany. Krew ludzka różni się smakiem i jakością, w zależności od diety różnych grup kulturowych i z demokratycznym powołaniem, nie dyskryminowała nikogo ze względu na rasę, kolor skóry czy płeć.

W jednym z moich biegów rozmawiałem z kilkoma żydowskimi nastolatkami i udawałem, że jestem jednym z nich. Moi nowi przyjaciele, młodzi i niespokojni, zaprosili mnie, abym towarzyszył im na jednej z ich ceremonii, obrzezania chłopca. Przyznaję, że bardziej napędzała mnie ciekawość niż obietnica gastronomiczna świeżej krwi. Niemowlęta powinny mieć możliwość wzrostu, aby w starszym wieku dostarczały więcej osocza. Żaden hodowca drobiu, na przykład, nie karmi świeżo wyklutych kurczaków; wręcz przeciwnie, karmi je i pozwala im rosnąć, aż będą gotowe na lepsze i pożywne danie. W przypadku ludzi jest to dodatkowa zaleta, wampiry nie muszą inwestować czasu ani środków, ponieważ rosną i są karmione przez innych swoich własnych gatunków. To tylko kwestia nadziei, że nadają się do naszej konsumpcji.

Tysiącletni obrządek został przeprowadzony z oczekiwaną uroczystością, a ja przyglądałem się z uwagą i ciekawością. Rabin, bo przypuszczam, że był, odciął dziecku napletek i umieścił go w kielichu pełnym wina, a następnie wypił z niego i krążył po nim wśród obecnych i każdy pił po kolei. Kiedy nadeszła moja kolej, przyznaję, że zostałem odparty, bo my, jak mężczyźni, też mamy napletek. Ale do rzeczy, uważałem, że nie mogę snubować moich gospodarzy, zdemaskować mojego statusu intruza i powiedziałem sobie: przecież to jest nieskazitelny napletek, który , gdyby miał zdolność rozumowania, wiedziałby, skąd pochodzi i gdzie jest przeznaczony do złego. Porównałam go do maguey robaka w butelce tequili i wypiłam go.

I co o tym sądzisz? Podobało mi się to.

Krew ze świeżo ściętej napletkowej skóry nadała winu szczególny akcent. Jestem pewien, że ten bukiet, ekskluzywny dla mnie, był poza zasięgiem obecnych Żydów; ale dla mojego zapachu i kubków smakowych było to doświadczenie pierwszej klasy i od tego czasu nie tęsknię za tymi ceremoniami.

INSTRUKTAŻOWY DO UMIESZCZENIA DZWONEK DO KOTA

Aby założyć dzwonek na kota, trzeba zacząć od podstaw, czyli od tego, że ma się dzwonek i kota. Jeśli nie posiadasz niezbędnych elementów, ta instrukcja jest bezużyteczna. Sama teoria nie jest funkcjonalna, potrzebna jest praktyka. To byłoby jak studiowanie instrukcji lotu i nie posiadanie samolotu.

Dzwonek, oczywiście, trzeba go do czegoś przywiązać, może to być czerwona wstążka lub kolor, który najbardziej ci się podoba, a jeśli nie, to ten, który masz pod ręką. W przypadku braku wstęgi może służyć do tego zwykła pita, łańcuch lub elastyczny drut.

Kot może być twoją własnością lub kogoś innego. Jeżeli jest to twoje własne zadanie, możesz podejść do kota z pełną pewnością siebie, ale jeżeli nie jest to twoje zadanie, staje się trudniejsze. Możliwe, że gdy podejdziesz do kota, wycofa się on lub postawi opór, a podczas próby możesz się podrapać. Opcjonalnie, gdy kot jest obcy, znajdź sobie kota, który ma kilka tygodni, będzie potulny i godny zaufania, co ułatwi zadanie.

Jeśli jednak kot jest obcy, możesz poprosić właściciela o pomoc. Jeśli zamiast posiadać, posiadasz, może być szansa na rozpoczęcie miłego związku. Jakiego rodzaju? To będzie zależało od okoliczności. Nie zapomnij podać dobrego powodu, aby uzasadnić umieszczenie dzwonu.

Z drugiej strony, jeśli tym, ktżry ma zamiar umieścić dzwonek jest myszką, zadanie staje się skomplikowane i niebezpieczne, chyba że kot jest, jak w poprzedniej propozycji, z kilku tygodni urodzenia; w tym przypadku nie byłoby dziwne, że kotek nawet bawi się z ryzykowną myszką, a między grą i grą dzwonek jest umieszczony do niego, a kiedy jest dorosły, już będzie przyzwyczajony do mruczenia i będzie zachowywać się jak coś naturalnego.

Myszy zaleca się, aby przed rozpoczęciem odważnego zadania, ćwiczy z jakimś wypchanym kotem, aby nabyć umiejętności i pewności siebie w trudnym zadaniu. Ćwiczenie to pomaga w odczuciu operatora i szczęśliwym sukcesie firmy.

Można użyć sztuczki znieczulenia kota, ale nie jest to zalecane, z tym traci się urok i wartość działania; byłoby to jak walczący z ospałym bykiem bykiem, nikt nie rozpoznałby w nim żadnych zasług.

Jak cię użądli, to odejdź! Łatwe do powiedzenia i łatwe do zrobienia w pewnych okolicznościach. Jeśli jednak swędzą cię plecy, pojawia się już pewien stopień trudności, powinieneś poprosić o pomoc lub poszukać miejsca do pocierania pleców, na przykład na skrzyżowaniu dwóch ścian lub drzewa.

INSTRUKCJA DRAPANIA
SERCE

Jak cię użądli. Zadrapanie! Łatwe do powiedzenia i łatwe do zrobienia w pewnych okolicznościach. Jeśli jednak swędzą cię plecy, pojawia się już pewien stopień trudności, powinieneś poprosić o pomoc lub poszukać miejsca do pocierania pleców, na przykład na skrzyżowaniu dwóch ścian lub drzewa.

Jeśli twój odbyt swędzi, bo masz robaki, trzymasz go w nim lub drapiesz go gdzieś z ciekawskich oczu.

Teraz, jeśli to twoje serce swędzi, co nie byłoby dziwne, gdybyś był załamany rozczarowaniem w miłości lub załamany widząc dziecko umierające z głodu, to dlaczego kurwa nie będzie żądło?

Zranione lub złamane serce, swędzi, gdy się goi. A jeśli go swędzi, jest w drodze do uzdrowienia.

Dla rannych lekarstwem jest nowa miłość, a sposobem na jej zadrapanie jest zabieganie o nową istotę, czyli w procesie kochania.

Jeśli serce jest złamane, lekarstwem dla niego i dla duszy jest opieka nad głodnym dzieckiem i karmienie go, wirtualne drapanie byłoby w trakcie powrotu dziecka do zdrowia.
Jeśli podrapał ją ku swojemu zadowoleniu, przestanie swędzieć i problem zniknie.

Instrukcje te, które wydają się wyłączne dla poszczególnych przypadków, są ważne w wielu okolicznościach, trzeba tylko wyostrzyć rozum i osiągnąć ten Ahhh! samozadowolenie.

FINAŁ MISTRZOSTW ŚWIATA W PIŁCE NOŻNEJ W 2006 R.

W niedzielę 9 lipca 2006 r. spotykają się Włochy i Francja. Z tego kluczowego meczu wyjdzie mistrz świata w piłce nożnej.

Papież spogląda w niebo, a następnie klęczy na sześć ziaren kukurydzy, po trzy na każde kolano. Jest gotów modlić się przed meczem, w czasie, gdy trwa mecz, o zwycięstwo Włoch.
Ziarna kukurydzy są boleśnie osadzone w jego wrażliwych kolanach, ale każde poświęcenie jest ważne i wytrzymuje tak jak ludzie.

Ma zamiar dać ostatni gwizdek swoim modlitwom i zakończyć swoją dobrowolną męczeńską śmierć, kiedy napada na niego niepewność; co by się stało, gdyby ostatni mecz mistrzostw świata poszedł w dogrywkę. W obliczu wątpliwości, może tylko przedłużyć swoje poświęcenie.
Pomimo zaufania, jakim darzę włoską drużynę", uważa, "lepiej grać bezpiecznie i modlić się o kolejne pół godziny. I opierać się bólowi i zmęczeniu stoicyzmem najbardziej oddanych świętych lub najbardziej zatwardziałych fanów.
O wyznaczonej godzinie włącz telewizor i przeżyj emocje związane z grą. Koniec normalnego czasu: Włochy 1, Francja 1.
Dobrze zrobiłem, jak to się mówi, modląc się o nadgodziny. Coś jednak przeszkadzało mu podczas spotkania. W żadnym momencie nie przyszło mu do głowy, aby modlić się o kluczowe minuty uzupełniania zapasów, ale dzięki Najwyższemu były one nieistotne.
Czas nagrań się skończył, a wynik się nie zmienił. Mistrzostwa będą musiały być określone przez kopnięcia do kadru; mówi się, że kary. Wraca do domu, z podniesionymi oczami i skrzyżowanymi ramionami, ale nie tracąc z oczu telewizora, który transmituje wynik na żywo.

Kary są podejmowane, a rezultat jest korzystny dla waszych Włoch. Łzy wdzięczności i emocji spływają mu po twarzy. Znowu widzi dwie kamizelki, które w oczekiwaniu na ewentualność czekały na wynik; wyrzuca francuską, a z podniesioną włoską wychodzi na balkon, na który tłum go oczarowuje.

ZWYKŁY CZŁOWIEK

To miasto było jak każde inne. Plac centralny i wokół niego, Pałac Miejski, Kościół katolicki i dwa portale handlowe i profesjonalne biura. Było to ciche, spokojne miasteczko, gdzie jego mieszkańcy chodzili w niedziele na msze, a resztę tygodnia spędzali w grzechach z dyskrecją i uroczystą bezkarnością. Ci, którzy dowiedzieli się o sekretach jakiegoś niepodejrzewającego sąsiada, milczeli, mając nadzieję na wzajemność.

Jednakże, pokój został nagle utracony. Jeden po drugim, te ze zmiażdżonym ogonem, zaczęły być wymuszane. Musiał zapłacić pieniądze w zamian za to, że nie powiedział żonie o swojej niewierności małżeńskiej. Drugi został poproszony o wypłatę, aby nie oddać go z powodu złego zarządzania księgowością, które prowadził w prowadzonej przez siebie firmie. Został poproszony o zapłacenie dużej sumy pieniędzy, aby nie być narażonym na sprzedaż narkotyków. I tak dalej, dopóki nie obejmie to dużej liczby sąsiadów. Wielu z nich zostało ściśniętych do tego stopnia, że bolało najbardziej, ale ci, których to dotknęło, milczeli i cierpieli w milczeniu. Nosiły one krzyż swoich grzechów, plus ból gwałtownego wymuszenia, ze spartańską stoicyzmem, z obawy przed wymianą informacji lub komentarzem, który naraziłby je na niebezpieczeństwo ujawnienia ich grzesznych tajemnic.

Nagle, tak jak zaczęły się wymuszenia, tak i przestały. Osoby poszkodowane odetchnęły z ulgą i pomyślały, że wymuszacz jest zadowolony i zdecydowały się zostawić je w spokoju. Mogli teraz swobodnie kontynuować swoją nielegalną działalność, i w rzeczywistości to zrobili. Pokój wrócił do wioski.

Nikt nie powiązał zaprzestania wymuszeń ze śmiercią księdza, który pozostawił dużą sumę pieniędzy, która trafiła w ręce państwa, ponieważ nie było spadkobierców.

RODZEŃSTWO NA ŚMIERĆ

Ci dwaj bracia byli bardzo blisko. Wspólnie zabiegali o względy kobiet i przy niektórych okazjach organizowali trójkołyski, a nawet kwartety małżeńskie z beztroskimi i samozadowolonymi dziewczętami ze wspólnoty lub, już na próżno, z prostytutkami.

Wydawało się, że wszystko idzie dobrze i że tak będzie na zawsze, ale miłość przekroczyła ich drogę. Oboje zakochali się w pięknej Ferminie. To był spust dla niezgody. Oboje chcieli tego dla siebie, z egoizmem miłości.

Z prędkością błyskawicy w burzliwą noc, nienawiść zagnieżdżała się w ich sercach i po długich sporach spędzali całe dnie nie rozmawiając ze sobą, nawet jeśli chodzili razem do tych samych miejsc.

Miłość jest architektem najpiękniejszych kart historii, ale i najbardziej tragicznych.

"Dla mnie albo dla żadnego z nas", powiedział Izmael, ograniczając męską rywalizację do swojego najbliższego rywala i wyobrażając sobie gwałtowną śmierć Izraela, jego nieodłącznego brata, a następnie wyzwalające samobójstwo.

I z myśli, przeniósł się do akcji. Jeden strzał w głowę Izraela wystarczył do wykonania jego podwójnego zadania. Następnego dnia gazety doniosły o śmierci jedynych słynnych bliźniaków syjamskich w tym kraju.

PEDYKCJA

Leopoldo marzył o tym, że w poszukiwaniu nowego domu odwiedza modelowy dom luksusowej kolonii mieszkalnej i że opowiada mu osoba, która się nim zajmowała:

-Witamy, czekaliśmy na ciebie. Ten dom jest dla ciebie, a co najlepsze, jest wolny. Zdejmij buty i przyjdź się z nią spotkać.

Zostawił buty przy drzwiach i wszedł szczęśliwie dla swojego szczęścia.

-Jest tylko jeden warunek," powiedział gospodarz, "że trzeba go umeblować, ale wszystko, absolutnie wszystko, musi być nowe". Nie przyjmujemy niczego używanego.

Leopoldo martwił się, zastanawiając się, "skąd wezmę pieniądze na jego wyposażenie?" Ale w tym momencie obudził się i zdał sobie sprawę, że to tylko senna fantazja.

Marzenie to pozostawiło go w dobrym nastroju i wydawało mu się omenem jakiegoś szczęśliwego wydarzenia, więc aby wyjść z wątpliwości, postanowił skonsultować się ze słynną nekromantką z sąsiedztwa, aby zaoferować swoją interpretację.

-Jaki był ten dom?

-Cóż, była piękna, szeroka i anielska biel.

-Zły omen, Don Leopoldo. Widziałeś trumny?

—...

-Wewnątrz są biali, błyszczący jedwab, a umarli chodzą boso.

Leopoldo wyszedł z biura zaniepokojony i aby odzyskać swój zwykły optymizm, postanowił nie wierzyć w kłamstwa oszukańczych wróżbiarzy.

Kilka dni później, niedowiarek za darmo otworzył piękne białe mauzoleum, a jego brat odziedziczył parę prawie nowych butów.

OBIETNICA PRZYJEMNOŚCI

Przed lustrem nakładał ostatnie akcenty makijażu. Była zadowolona. Maskara nadała jego odważnym oczom nowy, nieznany wymiar, a czerwień ust przypominała dwie dojrzałe truskawki.

Twój człowiek czeka na ciebie na zewnątrz, ubrany w cudze ubrania, ale z obietnicą przyjemności. Nie została z tyłu, jej garderoba też należała do kogoś innego. Jeśli właścicielka jej eleganckiego stroju i drogiej biżuterii zobaczył ją, może być zły przez kilka minut, ale wtedy będzie świętować i chętnie pożyczyć je do Ciebie, ale z zaleceniem, że należy uważać, aby nie ubrudzić ubrania lub stracić biżuterię. Był powód, dla którego powiedziałem jej wiele razy, że bez względu na to, co się stanie, będą przyjaciółmi na całe życie.

Byłem niecierpliwy. Musiał się spieszyć, aby jego nowy rycerz nie pokutował i obietnica bezgranicznej radości nie została zdegradowana do innej okazji.

Założył buty na wysokim obcasie, a ponieważ nie były w jego rozmiarze, wyszedł z udawaną łatwością. Przywitano ją z uśmiechem aprobaty i dwoje z nich, elegancko ubranych i trzymających się za ręce, dotarło na miejsce zachwycającego spotkania.

Kiedy dotarli do celu, ich oczekiwania zostały spełnione i cieszyli się przyjemnym pudełkiem czekoladek, w najlepszej restauracji, jaką ich dziecięca wyobraźnia mogła zapewnić.

UMIERAM ZA GÜERAS.

Blondynki cieszyły się jego preferencjami i podziwem, podobnie jak jego dziewczyna. Ale pewnego dnia, nie mówiąc ani słowa, opuścił swoje życie i zostawił je smutniejsze niż święty, który spędził swój dzień.

-Spójrz," powiedział jeden z jego wujków z filozoficznym powietrzem, "kobiety są jak furgonetki służbowe, jeśli jeden cię opuści, drugi przyjedzie. Kobiety są nadwyżką w stosunku do wymagań. Jest ich mnóstwo i to tylko kwestia oczekiwania.

-Tak, ale lubię je szare, - powiedział z nutką goryczy.

Powiedziałam i zrobiłam. Koło fortuny wykonało kilka kapryśnych zwrotów i postawiło na swoim szlaku kolejną chamską dziewczynę. I bardzo głęboko, ożenił się z nią.

W trakcie intymności miesiąca miodowego, kiedy nadchodzi moment prawdy i ubrania odlatują w nieznanym kierunku, odkryła, że nie jest blondynką.

NIESPÓJNOŚĆ TRANSAKCJI

Kiedy człowiek jest dumny ze swojej pracy i rodziny, pragnie i oczekuje, że jego dzieci pójdą za jego przykładem i będą kontynuować swoją cenną pracę.

Tak było z Thomasem. Był on najbardziej zręcznym z rzemieślników we wsi i z jego zręcznych rąk pochodziły najlepsze i najwybitniejsze sztylety, oszczepy i miecze, jakie kiedykolwiek widziano. Ich broń była bardzo poszukiwana i zasłużenie cenna.

Wiele z tych instrumentów zbudował na zamówienie i były one przeznaczone dla głównych przywódców kraju lub dla oficerów niektórych obcych armii.

Tak więc, z dumą próbował nauczyć swojego syna Szymona zawodu; ale on, uparty, stawiał opór i mówił nie! że nie będzie robił broni, która później będzie używana do zabijania jego sąsiadów, ponieważ wierzył, że życie jest święte.

Jego ojciec, próbując go przekonać, powiedział mu:

-Moje sumienie jest jasne, ja tylko robię broń i nie jestem odpowiedzialny za jej użycie.

-Tak", odpowiedział stanowczo zbuntowany syn, "ale nigdy nie zrobię nic, co mogłoby zaszkodzić innym ludziom, zwłaszcza niewinnym.

Nie było więc żadnej ludzkiej siły, by przekonać go do wykonywania zawodu ojca, a w zamian nauczył się szlachetnej sztuki stolarskiej.

-Tak," powiedział z dumą, "wolę robić kołyski, aby przyjąć tych, którzy przychodzą na ten świat lub trumny, aby uczcić tych, którzy odchodzą. A w okresie istnienia stwórzcie wszelkiego rodzaju meble, które ułatwią życie użytkownikom. Nie zrobię niczego, co miałoby zaszkodzić lub ukarać niewinną osobę!

Ze względu na swój zawód i prestiż, jaki zdobył na przestrzeni lat, gubernator kazał mu zrobić różne urządzenia do karania przestępców.

Rozkaz ten nie przypadł mu do gustu, ale musiał się do niego zastosować i pocieszył się, mówiąc, że urządzenia te będą służyć jedynie do nauczania ludzi, którzy na to zasłużyli, i w tym rozumowaniu znalazł spokój.

A jednak, przed wszystkimi satysfakcjonującymi przepowiedniami sumienia, ze smutkiem dowiedział się, że niewinny człowiek został stracony, i że to on zbudował i przekazał krzyż, na którym umarł Jezus z Nazaretu.

MŁODZIEŻOWY JOHN

Juana, świeżo wykąpana, patrzy na siebie w lustrze i z satysfakcją podziwia swoją skórę, jędrną, gładką i różową, jak przystało na dziewiętnastoletnią nastolatkę.

Bierze kremy, które zaspokajają jej kobiecy smak i rozsmarowuje je powoli, można powiedzieć prawie z religijną przyjemnością. Jego delikatne ręce spływają po udach, potem pociera tułów i zatrzymuje się z radością na jego jędrnych piersiach. Marzy o pieszczotach małego chłopca, ten pomysł ją bawi, a ona uśmiecha się z melancholią. Następnie nakłada dezodorant na części, które uważa za właściwe i używa wykwintnych perfum za swoimi wdzięcznymi uszami.

Jego matka powiedziała mu, że Galijka, bez względu na jej status społeczny, w każdym miejscu i przy każdej okazji, musi zawsze zostawiać w pamięci swoje najlepsze ja. Więc podążając za radą matki, wybieraj ubrania o miękkich odcieniach, które moim zdaniem najlepiej będą współgrać z jej młodością i urodą. Przymierzasz jeden na i jeden na, dopóki nie znajdziesz kolorów, które najlepiej do ciebie pasują. Znowu się uśmiecha, choć jego oczy odbijają lekki błysk smutku.

Pięknie ubrana i emanująca zapachem tysiąca kwitnących ogrodów, przystępuje do wyboru golenia, które wzmocni jej wdzięczny wygląd. Dla Twoich powiek miękka zieleń jak wody Morza Śródziemnego, a dla Twoich idealnych ust jaskrawa czerwień. Na zakończenie, para dyskretnych kolczyków ozdabia jej uszy. Jego uśmiech jest tak samo słaby jak mgła, która znika wraz ze świtem, a jego smutek jest podkreślony.

Kończy się to rytuałem upiększania, który zna każda dama. Strój jest prosty, skromny, ale gustowny i jego osobisty układ antologii. Jednak jej zadowolenie zamienia się na łzy, które zaczynają biegać jej tuszem do rzęs. Dla kogo została przebrana pokojówka? Dla kochanka z bajki? Żeby spełnić marzenie? Żeby zrealizować iluzję? Albo przeprowadzić chimerę?

Nie. To jego ostatni flirt, jego ostatnia wola i testament. Jako dobra Francuzka chce zostawić potomnym swój najlepszy wizerunek i tak, z odwagą świętej, młoda Joanna d'Arc oddaje się ogniu.

ODCISKI STÓP GOŁĘBI

Dom mieczyków znajdował się na obrzeżach miasta. Nazwali go tak, bo otoczony był wielobarwnym ogrodem, pełnym tych pięknych kwiatów. Był to dom o skromnej konstrukcji, ale piękny, dzięki swojemu kwiecistemu wyglądowi. W środku sadu znajdowała się podwyższona konstrukcja z tysiącem drzwi, która służyła jako schronienie dla niezliczonej ilości gołębi, których lot i śpiew dodawały życia bukolicznemu krajobrazowi.

Ten wyjątkowy dom służył jako miłosne gniazdo dla szczęśliwego młodego małżeństwa. Młoda kochanka dzieliła się swoją radością z ptakami, które karmiła, rzucając hojnymi porcjami maicillo, a one, przed jej wspaniałością, szybko przyszły po swój ceniony pokarm. Zbierali się w malowniczych stadach, a nawet wchodzili do salonu domu w poszukiwaniu swoich racji żywnościowych. Zimą przyjeżdżali z błotnistymi stopami i zostawiali swoje ślady na całej podłodze, które wyglądały jak szlak krzyży.

Któregoś dnia przyszedł odwiedzić gospodynię domową, dziewczynę zagłady miasta, a kiedy zobaczył krzyże pozostawione przez gołębice, powiedział jej:

-Uważaj, żebyś nie nadepnął na te ślady. Przedstawiają one krzyż naszego Pana i są błogosławieństwem dla waszego domu. Dzień, w którym nadepniesz na nich miłość, umrze.

-Nie wierzę ci," odpowiedział z uśmiechem, "już na nie nadepnąłem i nic się nie stało.

-To było przedtem, bo nie wiedziałeś i twoje działania były chronione przez twoją niewinność, ale teraz, gdy wiesz, że jest inaczej.

Ta piękna młoda kobieta pozostała zamyślona i zmartwiona. Od tego dnia uważałem, aby nie wchodzić na krzyże i utrzymywać w czystości środowisko naturalne, eliminowałem je z troską i modlitwą.

W najcięższej części zimy gołębie stawały się coraz bardziej brudne. Zmęczona takim sprzątaniem, powiedziała sobie. "Slobbering, I don't believe in superstition," zdeptał krzyże ze złością, a potem w desperacji umył podłogę.

Kilka dni później miłość umarła, mąż ją porzucił, a wraz z jego odejściem, jak za dotknięciem czarodziejskiej różdżki, znikły gołębie, a mieczyki zaczęły marnieć.

DWUDZIESTU CZTERECH DIABŁÓW

W czasach kolonialnych, w dzisiejszym Starym Mieście, wszyscy byli przerażeni i mówili, że diabeł pojawiał się im przez cały czas i we wszystkich miejscach, ale głównie w nocy lub gdy byli sami.

Wiadomość o tak niefortunnym wydarzeniu rozeszła się po całym regionie, a władze pobliskiego nowego miasta Santiago de los Caballeros de *Goatemala* (dziś La Antigua Guatemala) wysłały swoich najbardziej bystrych przedstawicieli cywilnych i kościelnych, aby przeprowadzili wywiady z sąsiadami i, jeśli to możliwe, zweryfikowali prawdę lub nieprawdziwość faktów.

Sprytni urzędnicy słuchali miejscowych w jednej i tysiącach wersji, ale w żaden sposób nie mogli zweryfikować autentyczności tych wydarzeń. Wydaje się, że diabeł lub diabły miały upodobanie do tubylców, ponieważ bez względu na to, jak bardzo biurokraci kapitana wędrowali samotnie po najodleglejszych miejscach, nie mogli ich zmusić do pojawienia się. Byli nawet odważni ludzie, którzy pozostali sami na miejscowym cmentarzu, ale z negatywnym skutkiem. I zaczęli wierzyć, że jest to sztuczka mieszkańców wsi, aby przyciągnąć uwagę władz w stolicy i poprawić gospodarkę zubożałego miasta.

-A jak u diabła to wygląda? -Wysłannicy pytali ludzi, którzy twierdzili, że go widzieli.

-Jest czerwony jak stokrotka," ktoś powiedział.

-Ale jego twarz jest czerwona i czarna," powiedział inny.

-Tak, kombinacja czerwieni i czerni," powiedział trzeci.

-Ale to nie jest tylko jeden diabeł, powiedział ksiądz, uświęcając się. To legion!

-Tak, to prawda, a dowodzi nimi sam Diabelski Król.

I coś ciekawego - powiedział wiejski mistrz - wszystkie diabły mają włosy blond jak złoto i długie warkocze, które trzepoczą się w powietrzu.

-To muszą być złe duchy Hiszpanów, którzy zginęli podczas zalewu miasta i wrócili, by nas skrzywdzić.

-Albo są demonami, które wyszły z wnętrzności ziemi, korzystając z wybuchu wulkanu ognia.

-Zgubiliśmy się! -Najpierw Wulkan Wodny zrównał miasto z ziemią, wymiótł połowę ludzkości, a teraz Wulkan Ognisty wypędza diabły, by zabrać nasze nieśmiertelne dusze.

Było dużo szemrania i przeklinania, niektórzy modlili się, inni robili znak krzyża, a niektórzy nawet kłaniali się w twarz. Strach był powszechny i 8 grudnia ludzie modlili się w wierze do Dziewicy Maryi.

A święta Matka Jezusa, widząc ich oczyma miłosierdzia, zlitowała się nad wiernymi wyznawcami i posłała na ich obronę potężnego anioła, który dzięki swej wysokiej inwestytury i zdecydowanej akcji zdołał jak za dotknięciem czarodziejskiej różdżki, a raczej jak za pomocą cudu o niekwestionowanej skuteczności, pokonać w obecności wszystkich swych wyznawców przywódcę podziemi, a w konsekwencji diabły zniknęły i przestały przeszkadzać mieszkańcom tak pobożnej dzielnicy. W wiecznej walce pomiędzy dobrem a złem, wiara znów zatriumfowała.

A wdzięczni ludzie, od tego czasu, poświęcają swój święty kiermasz patrona Maryi Dziewicy, która po latach została powołana przez Watykan, ponieważ Niepokalane Poczęcie i mieszkańcy wioski ochrzcili ją pewnym pseudonimem *La Chapetona.* Na tym dorocznym święcie epicki wyczyn wspominany jest *Taniec Legionu 24 Diabłów,* gdzie wikariusz chroniącego anioła staje co roku przed Legionem, aby zbawić duszę *Szigualosa*; chociaż w tym czasie ten, który reprezentuje ducha niebieskiego, mówi z żalem i pesymizmem, że nic już nie można zrobić z powodu ciągłego i rosnącego grzechu człowieka i że jego jedynym przeznaczeniem jest piekło. Podobnie, obecnie niektórzy niewierzący umniejszają znaczenie tego historycznego wyczynu, zapewniając, że jest to prosta tradycja, która została sprowadzona z Katalonii w Hiszpanii. Tak czy inaczej, prawda jest taka, że cachudo nie pojawił się ponownie w tych częściach.

CZĘŚĆ TRZECIA

SERIA MINI-LICZNIKÓW

W GORZELNI, KROP DO KROPU

MIŁOŚĆ KROKOWA

Drugie miejsce w
1. konkurs opowiadań
Krótko mówiąc, w Gwatemali.
"Tysiąc i jeden bezsenny"
Kategoria doświadczona.
Gwatemala, maj 2006 r.

-Gdzie byłeś? -zlecił matce klacz.
-Latanie, latanie - to była radosna reakcja.
-No cóż," powiedziała do siebie moja matka w geście rezygnacji, "klacz matko, nie patrz na żadnych obcych. Ale jako osioł, słuchałem wspomnianego Pegaza.

ŚWIADOMY

-Dzieci, które nie szanują swoich rodziców, popełniają grzech śmiertelny", powiedział Rockzanda do swojego syna Carlosa.
-Nigdy nie zgrzeszyłem, Antonio.
-Oczywiście, święty! -Wyrzucił go, Rockzanda.
-Nie. To dla mojego sierocińca.

PERFECT LOVE

Twoje oczy przeplatają się z moimi, z pragnieniem, które pochłania kochanków, gdy przemierzają gorące pustynie abstynencji.

Przy współudziale tych spojrzeń oddajemy się wiecznemu zgiełkowi kochanków. Tam nasze marzenia, nasze iluzje zostały stopione, a najbardziej tajemnicze fantazje zostały przeżyte.

Miłość kiełkuje z iluzją nieśmiertelności i umiera w pustce nudy.

Ale to nie jest i nie będzie w naszym przypadku. Nasza miłość przekroczyła wieczność sekund, tego ulotnego ulicznego spotkania, bez przyszłych komplikacji i smutku pożegnania.

PRETENSJONALNY

Virgil, przystojny młody mężczyzna, stał się jednym z najbardziej pożądanych kawalerów na północnej półkuli swoich nadziei. Tak widziały to kobiety, oprócz tego, że uważały to za aroganckie, zarozumiałe i pogardliwe.

-Co on sobie pomyśli? -Murmurred. Że żaden z nich nie jest jej godny?

W obliczu pogardy, jaką żywił w stosunku do żeńskiego requiem, pogardzano nim. W ten sposób ukrył swoją bolesną bezradność.

FRUSTRACJA BOGA

Bóg, obawiając się, że ktoś wymknie się spod kontroli i pozbawi go chwały bycia twórcą wszechświata, udał się do Rejestru Własności Intelektualnej, aby zarejestrować jego autorstwo.

Wkrótce po tym, jak opuścił to biuro rządowe, sfrustrowany i smutny. W celu zastosowania się do procedury, potrzebowali dwóch świadków. Nie mógł ich przedstawić. Oboje zmarli, kilka lat po tym, jak zostali wygnani z raju.

SEKRET STARUSZEK

W życiu zdarzają się niewytłumaczalne wydarzenia, które nie przestają być prawdziwe. Drzewo anona w moim ogrodzie było pysznym prezentem dla wymagających podniebień tropików, ale po pierwszych zbiorach wspięła się na nie lekkomyślna dziewczyna. Po tym, rok po roku przynosiła złe i robaczywe owoce. Co robić? Powalić go. Nie, sekret polegał na tym, żeby dożywotnik dostał parę majtek. Ta sztuczka, według staruszek, zawstydziła go, oddała mu utraconą tożsamość i od tego czasu daje nam zdrowe i smaczne owoce.

KRÓTKOWZROCZNY MYŚLIWY

Idzie tam, gdzie doradzał mu okulista. Ale nie, zawsze samowystarczalny, ignorował rady i wychodził na polowanie na kaczki. Z uczuciem wyróżnił dużą i piękną, która z dala od stada biła skrzydła.

Strzelił i ofiara została zabita. W tym fatalnym dniu, miłość opuściła świat. Kupidyn leżał bezwładnie na trawie.

SŁUCHAĆ RAD

Uczysz się więcej słuchając, niż mówiąc. Powiedziano mu to jako dziecku i od tej pory pilnie słuchał za drzwiami. Następnie, podążając za swoim głęboko zakorzenionym hobby, chciał zostać księdzem i działać jako spowiednik, ale nie udało mu się. Ale ponieważ powołanie jest silniejsze niż jakakolwiek przeszkoda, skończył on *"zarabiając" w* policji sądowej.

INFEDILITYKA

To, że samiec jest rozwiązły nie ma znaczenia, jest częścią jego misji zapłodnienia, ale jeśli samica jest, sytuacja się zmienia.

Piękna klacz była niewierna temu energicznemu ogierowi, tylko raz, ale wystarczyło, że rumak pokazał efektowny róg i zdobył przydomek jednorożca.

KOBIETA PITCHED

Jestem kobietą wielkiej wiary - powiedziała Lucia. Zawsze proszę Boga, by złagodził mój zły nastrój, by pomógł mi opanować to, jak bardzo jestem zły...

-Tak, ale Bóg jej nie słucha", przerwał jej mąż, pokazując podbite oko i brakujący ząb.

PRECEDENCJA NIEZALEŻNA

Szczeniaki w dzieciństwie bawią się i walczą ze sobą. Wydaje się, że dobrze się bawią, ale w rzeczywistości przygotowują się do zmierzenia się z niekorzystnymi sytuacjami życiowymi.

Podobnie, ta para dzieci biega po okolicy. Jeden z nich nosi ciężki młotek i idzie za drugim.

-Uważaj, bo zranisz swojego brata! -zmartwiony, ojciec chłopców interweniował. Chociaż z ambiwalentnym uczuciem, pamiętał Abla, swojego zmarłego brata.

UJAWNIAJĄCA SIĘ GWIAZDA

Gwiazdy mają godne pozazdroszczenia zadanie zdobienia nieba, nadania sensu nocy, a tym samym zainspirowania poetów w ich lirycznych snach. Jednak jeden z nich tak bardzo nie lubił tłumów i konkurencji, że w akcie buntu postanowił zawładnąć firmamentem; zbliżył się do nas ziemian i z dnia na dzień, z silnym światłem wytworzonym przez jego bliskość, odwołał wszystkie inne.

PODYKTOWANY LOSEM

Są tacy, którzy urodzili się, by cierpieć, a Arnulfo był jednym z nich. Póki żył, bał się bliźniego, duchów, a nawet własnego cienia.

Teraz, gdy wykonał mały skok z życia na śmierć, westchnął spokojnie; jego męka się skończyła i jak duch będzie istniał na zawsze w oazie spokoju.

Ale są tacy, którzy urodzili się po to, by cierpieć, niezależnie od ich stanu, bo wkrótce drżał, by odkryć, że boi się żywych.

BOSKA ZEMSTA

Zaniedbany nietoperz zakochał się w księżycu. Taka była jej pasja, była po niej, jak najgorsi szaleńcy. Królowa nocy czuła się nękana i desperacko próbowała uciec od swojego nocnego kochanka, ale bezskutecznie.

-Słońce może mi pomóc! -Powiedział do siebie, "z uśmiechem nadziei".

I wyszedł za dnia w poszukiwaniu go. Bez większych trudności znalazła króla gwiazd, wyjaśniła mu swoją sprawę i poprosiła, aby towarzyszył jej w nocy, aby przy jego silnym świetle mogła przestraszyć tę irytującą mysz ze skrzydłami. Ale odmówił, twierdząc, że szanuje swoje godziny pracy i że nie wyjdzie w ciemności. Księżyc, urażony brakiem solidarności planetarnej, rozgniewał się i od tego czasu, w odwecie, przyćmiewa Słońce przy każdej nadarzającej się okazji.

SEQUELS

Kiedy moja żona zaszła w ciążę, uparcie sprzeciwiałem się narodzinom dziecka i wbrew jej woli poddałem jej kilka aborcji do wypicia. Ale to było bezużyteczne, nic nie działało. Obawiałem się więc, że urodziłem się z pewną anomalią, z powodu moich nieudanych prób. Ale urodził się zdrowy i dorastał, zawsze pod moją stałą obserwacją z obawy przed jakimś złym następstwem. Jednak wszystko wydawało się normalne, ale żaden niezdrowy czyn nie pozostaje bezkarny. Okazało się, że jest pisarzem.

RÓŻNICA

Nie wiem, co jest przedmiotem życia, ale kiedy uświadamiamy sobie rzeczywistość, jesteśmy już na tym świecie. Zgaduję, że kiedy wyjedziemy, też nie zdamy sobie z tego sprawy. Odejście może być jednak poprzedzone wielkim cierpieniem, będącym wynikiem straszliwej i bolesnej choroby, takiej jak rak lub tak haniebnej jak choroba Alhaimera, trąd czy AIDS.

-Teraz nie chcę cierpieć na żadną bolesną czy krępującą chorobę. Wolałbym się zabić!

To była myśl Don Anioła, a jako człowiek siły i słowa, wszyscy wiedzieli, że nie mówi dla mówienia, i że w razie potrzeby, będzie ją wykonywać.

Jednak gdy nadszedł czas, don Angel cierpiał na strasznego Alzheimera. Zapomniał przysięgi i żył spokojnie do końca swoich dni.

ZEBRA, KTÓRA SIĘ PODRAPAŁA

Tak, kobiety uwolniły się od więzów konwencji i farbowały włosy na kolor, który najbardziej im się podobał.

A potem, mężczyźni nie zostali z tyłu i używali swoich włosów do noszenia najbardziej obskurnej mody. Czemu nie ja," powiedział, "postępowa zebra".

Powiedziałam i zrobiłam. A do pionowych pasemek, które zdobiły jego krótkie włosy, dodał poziome linie i bardzo zaokrąglone wyszedł, by pokazać swój nowy styl, siatkę.

Dziś przeprasza za swój wyzwalający gest. Prawdą jest, że lubił grać z dominującym mężczyzną stada i używać go do rozpraszania uwagi i zabawy, ale teraz on i inni członkowie grupy nie zostawiają go samego i używać go jako planszy do długich i nudnych gier w szachy.

BEZCZELNA ZEBRA

Ten samiec był największym ze złoczyńców swojego gatunku, podróżował po afrykańskich równinach i przy najmniejszym zaniedbaniu dominujących ogierów, wszedł do ich stad, zawładnął najbardziej apetycznymi samicami i bez najmniejszego zastanowienia pozostawił nierozpoznanych potomków na całym kontynencie. A jeśli były zaniedbane, zjadał najczulsze pączki sawann, pozostawiając wszystkich członków grupy sfrustrowanych.

Nikt nie wiedział, kto to był, bo ten bardzo sprytny działał z niezwykłą szybkością. Ale w jednym z jego biegów ktoś zrobił mu zdjęcie, a ponieważ wzór jego pasków jest niepowtarzalny, podobnie jak odciski ludzkich palców, władze powiedziały: teraz jest czas, kiedy na całej równinie rozwiesili plakaty z jego portretem i na pewno w krótkim czasie go uchwycą, aby dać mu karę, na którą zasłużył.

Wiedząc, że jest poszukiwany i że jego piękny wizerunek go oddał, urządził, że jego białe paski barwione są na czarno, a czarne na biało; tak więc umiejętnie przebrany, pod ochroną swojej nowej tożsamości i zakładając twarz polityka w czasie wyborów, kontynuował swoje wykroczenia z uroczystą bezkarnością.

SCHWYTANIE PRZESTĘPCZEJ ZEBRY

Zbrodnicza zebra kontynuowała swoje przewinienia i rozszerzyła krąg swoich działań pod nową pieczęcią, co dało jej swobodę działania i bezpieczeństwo.

Policyjne zebry chodziły po równinach z fotografiami łobuzów, badały je i porównywały z każdym znalezionym osobnikiem, ale czas mijał i nie udało im się ich uchwycić.

Ale są możliwości, gdzie szczęście przejawia się w tych, którzy najmniej się go spodziewają.

Zadaniem nowicjusza było żmudne przygotowywanie plakatów, które oferowały nawet dużą nagrodę w stałych i brzmiących wiązkach trawy. Tak więc, nagle, gdy przetwarzał nową partię plakatów, zobaczył negatyw i światło przyszło mu do głowy, bez zasłonięcia zwojów. Z negatywem w kasku wizualizował nową tożsamość poszukiwanego człowieka i wkrótce przystąpił do jego schwytania.

Początkujący awansował i dziś nosi jeszcze jeden pasek, symbolizujący jego rangę policyjną.

SENTENS ŻYCIA

Najtrudniejszą częścią, najtrudniejszą częścią wyroku dożywocia, jest ukończenie pierwszej połowy. To tak, jakby jechać pod górę, gromadząc lata, które są nudne i niekończące się.

Wtedy sytuacja się zmienia. To tak, jakby zjeżdżać na dół i bezwładność ci pomagała. Odliczanie jest łagodne i przybliża cię do chwalebnego wyjścia.

LISTOPADA 1

1 listopada był dniem, w którym arbitralnie wybrali uhonorowanie zmarłych.

Co więcej, każdy dzień powinien być świętem, aby nie panował smutek, gdzie nie ma już cierpienia.

Tak zjednoczeni i szczęśliwi, świętujmy przez cały rok i otrzymajmy przebaczenie od żywych.

W POSZUKIWANIU POKOJU

Mężczyzna był zdesperowany, powiedział, że kocha pokój i szuka go za wszelką cenę. Pojechał więc jedyną drogą, jaka mu pozostała i pojechał do Boliwii.

SETENCJA

Sędzia, z powagą, jakiej wymaga jego inwestytury, zawiódł:

-Ze względu na powagę popełnionych przestępstw, skazuję cię na trzysta siedemdziesiąt pięć lat bezspornego więzienia.

Skazaniec stanął w zdumieniu i odpowiedział mu.

-Tak myślisz. Wolałbym umrzeć!

PIRACJA

Pisarze mówili o stratach ekonomicznych spowodowanych przez piractwo ich dzieł.

-Mój problem," powiedział pierwszy, "to straty, które biorę z pirackich kopii, które szacuję na wiele setek dolarów.

-Moim problemem," dodał drugi, "jest to, że mam więcej czytelników, ale moje książki się nie sprzedają. Nielegalne kopie mnie zabijają.

-Tak," dodał trzeci, "wszyscy zostaliśmy dotknięci. Powinna istnieć większa kontrola i surowsze kary dla wydawców pirackich.

-I co o tym sądzisz? -Zapytali pisarza, który milczał.

-Mój problem," powiedział niestety, "jest taki, że nikt nie jest zainteresowany hakowaniem mnie.

NARODZINY GOŁĘBIA

Valerio znajduje się w postawie zadumy, podczas gdy stado stu gołębi schodzi na głowę, a w jednej chwili znów lecą, już sto jeden.

Narodził się pomysł. «««

TANIEC SIEDMIU WELONÓW

Maclovia, przed grupą podekscytowanych młodych ludzi, rozpoczęła od zmysłowych ruchów taniec siedmiu welonów i w miarę jego ewolucji, z zalotną paraliżem, odłączała się od nich, jeden po drugim. Gdy zbliżał się do kulminacji tańca, wiwaty jego fanów rosły w siłę i podniecenie.

Został tylko jeden welon, a dziewczyna z wdziękiem wzięła go z góry i szybkim ruchem odepchnęła na bok, i tak jak w akcie magicznym, tancerka zniknęła. «««

TRACKER ELEKTRONICZNY

Młody szpieg próbował uciec od swoich prześladowców, ale w tych czasach postępu naukowego i elektronicznego było to dla niej niemożliwe; zawsze byli o krok za nią. Podejrzewając, że twój pojazd ma lokalizator satelitarny, wymieniam go na inny. Wynik był taki sam. Więc, zmienił komórkę, pozbył się biżuterii i zmienił ubranie. Wszystkie jego wysiłki poszły na marne. Została złapana.

Nigdy nie podejrzewał, że elektroniczny tracker był w jego waginalnym tamponie. «««

BEZSENNY NIETOPERZ

Nietoperz cierpiał na bezsenność i spędzał dni z gołymi oczami.

Jeśli w nocy, mimo sennych stanowisk, latał bezpiecznie i łatwo, to z powodu doskonałego radaru i tego, że włączył automatycznego pilota.

DYSKOMFORT EWY

Ewa błąkała się w raju i spotkała węża, zanim skłonił ją do grzechu i powiedział jej.

-Evie, z twojego wyrażenia, podejrzewam, że coś cię niepokoi. Co to jest?

-To z powodu Adama. Widzi mnie tak przenikliwie, że czuję, iż swoim spojrzeniem rozbiera mnie do tego stopnia, że wyobrażam sobie, iż chodzę po czystych kościach.

STO LAT SAMOTNOŚCI

Kiedy Soledad skończył sto lat, była bardziej samotna niż kiedykolwiek. Nawet jej wspomnienia ją zostawiły.

ŻYCIE POWRACAJĄCE

Ten tekst ma tę zaletę, że zaczyna żyć w chwili, gdy zaczynasz go czytać i umiera, gdy kończysz go czytać.

Pierwsza strona:
Grzech pierworodny. Michelangelo.
Szczegóły dotyczące sklepienia kaplicy Sykstyńskiej.

Sugerowana tylna osłona. (Może być modyfikowany)

Vicente *Chente* Vásquez przyłącza się do bogatej tradycji gwatemalskiej mikrohistorii i dostarcza te konceptualne kapsułki, które w kilku wierszach śledzą obraz życia lub w ramach ogólnej formuły, podstawowy składnik, który jest dobrą dawką już legendarnej złośliwości Chapina, zdolną wydobyć pyszny żart, zazwyczaj o delikatnych seksualnych krawędziach, z najbardziej nieoczekiwanych sytuacji. I jako tło, wnikliwa wiedza o ludzkiej duszy, warunek, którego w ten czy inny sposób czytelnik zawsze wymaga od dzieła literackiego.

***Prawda** cię wyzwoli,* mówi Vicente Vasquez, parodiując znany tekst święty. Potwierdzamy dokładność tego oświadczenia. Prawda literatury (i nie jest daremne przywoływać Mario Vargasa Llosę, kiedy mówi o ukrytej prawdzie fikcyjnych kłamstw) czyni nas wolnymi, ponieważ nie czyni nas bardziej ludzkimi.

Contents

Printed by Books on Demand GmbH, Norderstedt / Germany